Paso a paso

PASTA

LAS MEJORES RECETAS CASERAS

This edition published by Parragon Books Ltd in 2014 and distributed by

Parragon Inc.
440 Park Avenue South, 13th Floor
New York, NY 10016, USA
www.parragon.com/lovefood

LOVE FOOD is an imprint of Parragon Books Ltd

ISBN: 978-1-4723-5057-2

Impreso en China/Printed in China

Fotografía de la cubierta: Ian Garlick
Nuevas fotografías: Clive Bozzard Hill
Nueva economía doméstica: Valerie Barrett, Carol Tennant, Sally Mansfield y Mitzie Wilson
Nuevas recetas e introducción: Linda Doeser
Edición: Fiona Biggs
Análisis nutricional: Fiona Hunter

Traducción: Carme Franch para Delivering iBooks & Design
Redacción y maquetación: Delivering iBooks & Design, Barcelona

Notas:
En este libro las medidas se dan en el sistema métrico e imperial. Para términos que difieren según la región, hemos añadido variantes en la lista de ingredientes. Se considera que 1 cucharadita equivale a 5 ml y 1 cucharada, a 15 ml. Si no se da otra indicación, la leche será siempre entera, los huevos y las verduras u hortalizas, como las patatas, de tamaño medio, y la pimienta, negra y recién molida. Asimismo, si no se indica lo contrario, lave y pele los tubérculos antes de añadirlos a las recetas.

Las guarniciones, los adornos y las sugerencias de presentación son opcionales y no se incluyen necesariamente en la lista de ingredientes o el modo de preparación de la receta. Los ingredientes opcionales y los aderezos a su gusto no se incluyen en el análisis nutricional. Los tiempos indicados son orientativos. Los tiempos de preparación pueden variar de una persona a otra según su técnica culinaria; asimismo, también pueden variar los tiempos de cocción. Los ingredientes opcionales, las variaciones y las sugerencias de presentación no se han incluido en los cálculos.

Los vegetarianos deben tener en cuenta que algunos de los productos preparados que se utilizan en estas recetas pueden contener ingredientes de origen animal. Se recomienda leer con atención la lista de ingredientes de dichos productos.

Exención de responsabilidades:
Aunque el autor ha hecho todo lo posible por garantizar que la información que aparece en este libro sea precisa y esté actualizada en el momento de su publicación, el lector debe tener en cuenta los siguientes puntos:

Los conocimientos médicos y farmacéuticos están en constante evolución, y ni el autor ni el editor pueden garantizar que el contenido del libro sea preciso o apropiado.
En cualquier caso, este libro no pretende ser, ni el lector debería considerarlo, algo que pueda sustituir al consejo médico antes de hacer un cambio drástico en la dieta.
Exención de responsabilidades por alergias alimentarias: ni el autor ni el editor asumen ninguna responsabilidad en caso de producirse reacciones adversas a las recetas que contiene el libro.
La información que aparece en el libro no ha sido evaluada por la U.S. Food and Drug Administration (Administración de Alimentos y Medicamentos de Estados Unidos). Este libro no pretende tratar, curar o prevenir ninguna enfermedad.
Por esas razones, y en el marco de la legalidad vigente, el autor y el editor: (i) declinan cualquier responsabilidad legal en relación con la precisión o la adecuación del contenido de este libro, incluso cuando se expresa como «consejo» u otras palabras de significado semejante; y (ii) se eximen de cualquier responsabilidad ante posibles percances, daños o riesgos debidos, como consecuencia directa o indirecta, al uso o aplicación de los contenidos de este libro.

Índice

Introducción 4

Hortalizas 6

Carnes 36

Pescado y marisco 66

Salsas 96

Índice analítico 126

Introducción

No es de extrañar la extraordinaria popularidad de que goza la pasta, ya que es un alimento increíblemente versátil, fácil de preparar, asequible y, en la variedad seca, muy poco perecedera. En suma, podría decirse que es el ingrediente más práctico de la despensa.

Va bien casi con cualquier ingrediente, con los que adopta una gran variedad de sensaciones gustativas: rica y cremosa, ligera y refrescante, intensa y picante, sencilla y básica, o suntuosa y espectacular. Se sirve caliente como plato principal o fría en ensalada, para llevar al campo o servir en un bufet o una barbacoa, y se puede añadir a todo tipo de sopas para enriquecerlas. Queda igual de rica con hortalizas —desde tomates hasta setas— y con queso y hierbas aromáticas, que con todo tipo de carne o pescado y marisco.

La pasta es la opción ideal para el ajetreo de hoy en día, ya que muchos platos se preparan y se cuecen en 30 minutos y otros están listos en la mitad de tiempo. Ideal para las comidas familiares, sobre todo porque a los niños les encanta, la pasta también es perfecta para un encuentro informal entre amigos. Tanto si busca una cena reconfortante y saciante para una fría noche de invierno como si le apetece un plato refrescante para una noche de verano al aire libre, con la pasta siempre acertará.

Según los expertos en nutrición, los cereales deben conformar el 33 % de una dieta equilibrada. La pasta es rica en hidratos de carbono complejos, que liberan energía de manera gradual, y es una buena fuente de fibra. Además, contiene poca grasa. Según la variedad, también es una fuente interesante de proteínas, así como de vitaminas y minerales esenciales.

Cueza la pasta en una olla, ya que este ingrediente necesita mucho espacio y agua abundante.

Como la pasta es tan versátil, es fácil encontrar magníficas recetas para cualquier ocasión y cualquier época del año.

Macarrones a los dos quesos *8*

Ensalada de pasta con tomate, aceitunas y mozzarella *10*

Canelones de espinacas y ricota *12*

Sopa de tomate con pasta *14*

Plumas con espárragos y queso azul *16*

Raviolis de calabaza *18*

Pasta con brócoli a la guindilla *20*

Espaguetis con ajo y aceite *22*

Ziti con rúcula *24*

Lasaña picante de hortalizas *26*

Pasta con puerro y calabaza *28*

Canelones de setas *30*

Potaje de alubias y espinacas *32*

Pappardelle con tomates cherry, rúcula y mozzarella *34*

Hortalizas

Macarrones a los dos quesos

 4 RACIONES

 PREPARACIÓN: 10 minutos

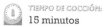 TIEMPO DE COCCIÓN: 15 minutos

información nutricional por ración	1109 kcal, 66 g grasas, 24 g grasas sat., 9 g azúcares, 3 g sal

Una variación muy cremosa y sabrosa de los macarrones con tomate que gustará a niños y mayores.

INGREDIENTES

225 g/8 oz de macarrones

250 g/1 taza de ricota para vegetarianos

1 1/2 cucharadas de mostaza a la antigua

3 cucharadas de cebollino (cebollín) picado, y un poco más para adornar

200 g/12 tomates (jitomates) cherry partidos por la mitad

100 g/²/₃ de taza de tomates (jitomates) secos en aceite, escurridos y picados

mantequilla o aceite, para engrasar

100 g/1 taza de cheddar para vegetarianos rallado

sal y pimienta

1. Precaliente el gratinador a la temperatura máxima. Ponga a hervir agua con un poco de sal en una olla. Eche la pasta y, contando a partir de que vuelva a romper el hervor, cuézala de 8 a 10 minutos, o hasta que esté al dente. Escúrrala.

2. En un bol, mezcle la ricota con la mostaza y el cebollino picado. A continuación, salpimiente.

3. Incorpore los macarrones, los tomates cherry y los tomates secos, y mezcle bien.

4. Engrase una fuente refractaria baja de 1,7 litros (2 cuartos de galón) de capacidad. Eche los macarrones y repártalos de manera uniforme.

5. Esparza el cheddar por encima y gratine los macarrones durante 4 o 5 minutos, hasta que se doren. Sírvalos enseguida, adornados con cebollino.

2

3

5

SUGERENCIA

Si le pierde el queso, parta en trocitos 125 g/4 oz de mozzarella para vegetarianos e incorpórela a los macarrones cuando añada los tomates.

Ensalada de pasta con tomate, aceitunas y mozzarella

 4 RACIONES PREPARACIÓN: 5 minutos 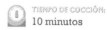 TIEMPO DE COCCIÓN: 10 minutos

información nutricional por ración	385 kcal, 36 g grasas, 10 g grasas sat., 8 g azúcares, 0,7 g sal

Cuando pruebe esta combinación clásica de ingredientes sabrá por qué es tan popular en Italia.

INGREDIENTES

225 g/8 oz de caracolas

50 g/¹/₃ de taza de piñones

350 g/2¹/₂ tazas de tomates (jitomates) cherry partidos por la mitad

1 pimiento (ají, morrón) rojo sin las pepitas (semillas) y troceado

1 cebolla roja picada

200 g/8 oz de mozzarella para vegetarianos en trocitos

12 aceitunas negras sin hueso

25 g/1 taza de hojas de albahaca

virutas de parmesano para vegetarianos, para adornar

sal

aliño

5 cucharadas/¹/₃ de taza de aceite de oliva virgen extra

2 cucharadas de vinagre (aceto) balsámico

1 cucharada de albahaca picada

sal y pimienta

1. Ponga a hervir una olla de agua con un poco de sal. Eche la pasta y, contando a partir de que vuelva a romper el hervor, cuézala de 8 a 10 minutos, o hasta que esté al dente. Escúrrala bien y deje que se enfríe.

2. Mientras tanto, caliente una sartén a fuego lento y tueste los piñones, removiendo, un par de minutos o hasta que empiecen a tomar color. Aparte la sartén del calor y deje enfriar los piñones en un plato.

3. Para preparar el aliño, mezcle todos los ingredientes en un cuenco y remueva bien. Tápelo con film transparente y resérvelo.

4. Divida la pasta entre 4 cuencos de servicio. Reparta los piñones, los tomates, el pimiento, la cebolla, la mozzarella y las aceitunas entre los cuencos. Esparza la albahaca por encima y aliñe la ensalada. Adórnela con virutas de parmesano y sírvala.

Canelones de espinacas y ricota

 4 RACIONES

 PREPARACIÓN:
20 minutos

 TIEMPO DE COCCIÓN:
40-45 minutos

información nutricional por ración	591 kcal, 28 g grasas, 16 g grasas sat., 9 g azúcares, 1,1 g sal

En esta receta las láminas de pasta se han sustituido por tubos de canelones listos para rellenar.

INGREDIENTES

mantequilla derretida, para engrasar

12 tubos de canelones de 7,5 cm/3 in de largo

sal y pimienta

relleno

140 g/10 oz de espinacas descongeladas y escurridas

115 g/½ taza de ricota para vegetarianos

1 huevo

3 cucharadas de pecorino para vegetarianos rallado

1 pizca de nuez moscada recién rallada

salsa de queso

25 g/2 cucharadas de mantequilla

2 cucharadas de harina

600 ml/2½ tazas de leche caliente

85 g/¾ de taza de gruyer para vegetarianos rallado

1. Precaliente el horno a 180 °C (350 °F). Engrase una fuente refractaria rectangular con mantequilla derretida.

2. Ponga a hervir una olla de agua con un poco de sal. Eche la pasta y, contando a partir de que vuelva a romper el hervor, cuézala 6 o 7 minutos, o hasta que esté al dente. Escúrrala, enjuáguela y déjela secar sobre un paño de cocina.

3. Para preparar el relleno, triture un poco las espinacas y la ricota en el robot de cocina. Añada el huevo y el pecorino, y tritúrelo hasta obtener una pasta homogénea. Pase el relleno a un bol, añada la nuez moscada y salpimiente.

4. Introduzca la pasta en una manga pastelera con boquilla lisa de 1 cm (½ in). Vaya rellenando los canelones con cuidado y colocándolos en la fuente.

5. Para preparar la salsa de queso, derrita la mantequilla en una cazuela. Rehogue la harina a fuego lento, sin dejar de remover, 1 minuto. Aparte la cazuela del calor e incorpore la leche caliente poco a poco. Devuélvala al fuego y lleve la salsa a ebullición, removiendo a menudo. Cuézala a fuego lento, removiendo, 10 minutos o hasta que se espese y esté homogénea.

6. Aparte la salsa del calor, incorpore el gruyer y salpimiente.

7. Nape los canelones con la salsa de queso. Tápelos con papel de aluminio y cuézalos en el horno precalentado de 20 a 25 minutos. Sírvalos enseguida.

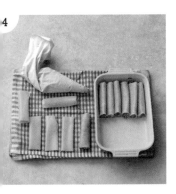

Sopa de tomate con pasta

 4 RACIONES    PREPARACIÓN: 15 minutos   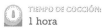 TIEMPO DE COCCIÓN: 1 hora

información nutricional por ración	135 kcal, 3,5 g grasas, 0,6 g grasas sat., 6 g azúcares, 0,4 g sal

Los tomates son nuestra fuente principal de licopenos, un caroteno de acción antioxidante que combate cardiopatías y podría prevenir el cáncer de próstata. Además, contienen vitamina C, quercetina y luteína.

INGREDIENTES

1 cucharada de aceite de oliva
4 tomates (jitomates) grandes y jugosos
1 cebolla partida en cuartos
1 diente de ajo en láminas
1 rama de apio troceada
500 ml/2 tazas de caldo de verduras
55 g/2 oz de pasta para sopa
sal y pimienta
perejil picado, para adornar

1. Ponga el aceite en una cazuela de base gruesa y eche el tomate, la cebolla, el ajo y el apio. Rehóguelo a fuego lento, sacudiendo la cazuela a menudo, 45 minutos o hasta que se reduzca a una salsa.

2. Triture el sofrito en el robot de cocina o la batidora para obtener un puré homogéneo.

3. Cuele el puré sobre una cazuela limpia.

4. Vierta el caldo y llévelo a ebullición. Eche la pasta y, contando a partir de que vuelva a romper el hervor, cuézala de 8 a 10 minutos, o hasta que esté al dente. Salpimiente. Reparta la sopa entre 4 boles precalentados, adórnela con perejil y sírvala enseguida.

1

3

4

VARIACIÓN
Sustituya el perejil
picado por la misma
cantidad de cebollino
picado, y sirva la sopa
con parmesano para ve-
getarianos recién rallado
por encima.

Plumas con espárragos y queso azul

 4 RACIONES

PREPARACIÓN:
10 minutos

TIEMPO DE COCCIÓN:
25 minutos

información nutricional por ración	805 kcal, 48 g grasas, 28 g grasas sat., 5 g azúcares, 1,1 g sal

Cuesta creer que un plato tan espectacular sea tan sencillo y esté listo en un santiamén.

INGREDIENTES

450 g/1 lb de espárragos trigueros

1 cucharada de aceite de oliva

225 g/8 oz de ricota para vegetarianos desmenuzada

175 ml/³/₄ de taza de nata (crema) extragrasa

350 g/12 oz de plumas

sal y pimienta

1. Precaliente el horno a 230 °C (450 °F.) Disponga los espárragos en una sola capa en una fuente refractaria baja. Rocíelos con el aceite y salpiméntelos. Deles la vuelta para que se impregnen del aliño. Áselos en el horno precalentado de 10 a 12 minutos, hasta que empiecen a tomar color y a estar tiernos. Resérvelos calientes.

2. En un bol, mezcle el queso y la nata. Salpimiente.

3. Ponga a hervir una olla de agua con un poco de sal. Eche la pasta y, contando a partir de que vuelva a romper el hervor, cuézala de 8 a 10 minutos, o hasta que esté al dente. Escúrrala y pásela a una fuente de servicio precalentada. Añada enseguida los espárragos y el queso con la nata. Remueva bien, hasta que el queso se derrita y la pasta quede bien impregnada. Sírvalo enseguida.

1

2

3

COMBINA CON
No hay nada como una hogaza de pan de masa madre recién horneada para mojar en esta deliciosa salsa cremosa.

Raviolis de calabaza

 4 RACIONES

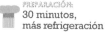 PREPARACIÓN:
30 minutos,
más refrigeración

 TIEMPO DE COCCIÓN:
30-35 minutos

información nutricional por ración	452 kcal, 16 g grasas, 5 g grasas sat., 3 g azúcares, 0,9 g sal

*Esta exquisita receta es tradicional de Emilia-Romaña,
una región del norte de Italia célebre por sus platos de pasta.*

INGREDIENTES

300 g/1½ tazas de harina de sémola, y un poco más para espolvorear

2 huevos batidos

1 cucharada de aceite de oliva

½ cucharadita de sal

1 cucharadita de vinagre

3-4 cucharadas de agua

relleno

1 cucharada de aceite de oliva

450 g/4 tazas de calabaza (zapallo anco) en dados

1 chalote (echalote) en daditos

125 ml/½ taza de agua, y un poco más para pintar

55 g/⅔ de taza de parmesano para vegetarianos rallado

1 huevo batido

1 cucharada de perejil picado

sal y pimienta

1. Trabaje la harina con los huevos, el aceite, la sal, el vinagre y el agua hasta obtener una masa ligada y sedosa. Envuélvala en film transparente y déjela 1 hora en el frigorífico.

2. Para preparar el relleno, caliente el aceite en una cazuela y rehogue la calabaza y el chalote 2 o 3 minutos, o hasta que este último esté translúcido. Añada el agua y cueza la calabaza de 15 a 20 minutos, hasta que se evapore el líquido. Déjelo enfriar un poco y, a continuación, mézclelo con el parmesano, el huevo y el perejil. Salpimiente.

3. Divida la masa en dos. Extienda ambas porciones en sendas láminas finas. Disponga cucharaditas del relleno de calabaza en una de las mitades de lámina, dejando unos 4 cm (1½ in) de espacio entre los montoncitos. Pinte los espacios vacíos con un poco de agua. Extienda por encima la otra lámina de masa y presione alrededor de cada montoncito de relleno.

4. Con un cortapastas, corte las porciones en cuadrados y presione bien los bordes con las púas de un tenedor. Deje secar los raviolis 30 minutos y, a continuación, ponga a hervir en una cazuela abundante agua con un poco de sal. Eche la pasta y, contando a partir de que vuelva a romper el hervor, cuézala de 5 a 7 minutos, o hasta que esté al dente. Retire los raviolis con una espumadera y déjelos escurrir sobre papel de cocina. Sírvalos enseguida.

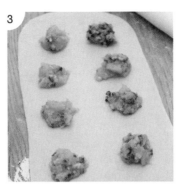

Pasta con brócoli a la guindilla

 4 RACIONES  PREPARACIÓN: 5 minutos  TIEMPO DE COCCIÓN: 10-15 minutos

información nutricional por ración	300 kcal., 11 g grasas, 1,5 g grasas sat., 3 g azúcares, trazas de sal

Un plato con estos ingredientes no puede fallar: están hechos los unos para los otros. Ideal para una cena multitudinaria.

INGREDIENTES

225 g/8 oz de plumas o macarrones

225 g/3 tazas de ramitos de brócoli

50 ml/$^1/_4$ de taza de aceite de oliva virgen extra

2 dientes de ajo grandes picados

2 guindillas (chiles, ajís picantes) rojas frescas, sin las pepitas (semillas) y en daditos

8 tomates (jitomates) cherry

1 puñado de hojas de albahaca, para adornar

sal

1. Ponga a hervir una olla de agua con un poco de sal. Eche la pasta y, contando a partir de que vuelva a romper el hervor, cuézala de 8 a 10 minutos, o hasta que esté al dente Escúrrala, refrésquela bajo el chorro de agua fría y vuelva a escurrirla. Resérvela.

2. Ponga a hervir agua con sal en una olla y cueza el brócoli durante 5 minutos. Escúrralo, refrésquelo bajo el chorro de agua fría y vuelva a escurrirlo.

3. Caliente el aceite a fuego fuerte en una sartén grande de base gruesa. Sofría el ajo, la guindilla y los tomates 1 minuto, sin dejar de remover.

4. Añada el brócoli y mezcle bien. Rehóguelo 2 minutos para calentarlo, removiendo. Eche la pasta y remueva otra vez. Caliéntela 1 minuto. Pase la pasta a una fuente grande precalentada y sírvala adornada con las hojas de albahaca.

2

3

4

CONSEJO

No corte la albahaca con el cuchillo, porque se pondría negra. Escoja hojas pequeñas o, si son grandes, trocéelas con los dedos.

Espaguetis con ajo y aceite

 4 RACIONES

 PREPARACIÓN:
5 minutos

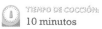 TIEMPO DE COCCIÓN:
10 minutos

información nutricional
por ración : 590 kcal., 25 g grasas, 3,5 g grasas sat., 3,5 g azúcares, trazas de sal

Un plato asequible con el que se alimentaban las familias más humildes, hoy este plato tradicional romano se conoce en toda Italia.

INGREDIENTES

450 g/1 lb de espaguetis
125 ml/½ taza de aceite de oliva virgen extra
3 dientes de ajo picados
3 cucharadas de perejil picado
sal y pimienta

1. Ponga a hervir agua con sal en una olla. Eche la pasta y, contando a partir de que vuelva a romper el hervor, cuézala de 8 a 10 minutos, o hasta que esté al dente.

2. Mientras tanto, caliente el aceite en una sartén de base gruesa. Rehogue el ajo con una pizca de sal a fuego lento, sin dejar de remover, 3 o 4 minutos, hasta que se dore. No deje que se dore demasiado o amargará. Aparte la sartén del fuego.

3. Escurra la pasta y pásela a una fuente precalentada. Vierta el aceite al ajo, esparza el perejil por encima y salpimiente. Remueva bien y sirva los espaguetis.

1

2

2

CONSEJO

La pasta cocida se enfría enseguida, por eso hay que pasarla a una fuente precalentada una vez escurrida.

Ziti con rúcula

 4 RACIONES

 PREPARACIÓN:
20 minutos,
más reposo

 TIEMPO DE COCCIÓN:
20 minutos

información nutricional
por ración · 435 kcal, 16 g grasas, 2 g grasas sat., 2,5 g azúcares, trazas de sal

Este plato picante típico de Apulia, en el «tacón de la bota» de Italia, es una tentación para la vista y el paladar.

INGREDIENTES

2 guindillas (chiles, ajís picantes) rojas frescas en rodajitas, y 4 enteras para adornar

350 g/12 oz de ziti partidos en trozos de 4 cm/1½ in

5 cucharadas/⅓ de taza de aceite de oliva virgen extra

2 dientes de ajo enteros

200 g/5 oz de rúcula

parmesano para vegetarianos rallado, para servir

1. Para preparar las flores de guindilla, recórteles la punta con un cuchillo afilado y pártalas por la mitad a lo largo, casi hasta llegar al tallo. Retire las pepitas y realice varios cortes en el mismo sentido para crear «pétalos» iguales. Deje las flores en remojo en un cuenco de agua con hielo de 15 a 20 minutos para que se abran los pétalos.

2. Ponga a hervir una olla de agua con un poco de sal. Eche la pasta y, contando a partir de que vuelva a romper el hervor, cuézala de 8 a 10 minutos, o hasta que esté al dente.

3. Mientras tanto, caliente el aceite en una sartén grande de base gruesa. Rehogue el ajo, la rúcula y las rodajitas de guindilla 5 minutos, o hasta que la rúcula pierda tersura.

4. Incorpore 2 cucharadas del agua de cocción de la pasta a la rúcula. Escurra la pasta y póngala en la sartén. Rehogue, removiendo a menudo, 2 minutos y luego páselo a una fuente precalentada. Deseche los ajos y la guindilla, adórnelo con las flores de guindilla y sírvalo enseguida con parmesano.

1

3

4

COMBINA CON

Sírvalo con tomates maduros asados con ajo, aliñados con aceite de oliva y vinagre balsámico, y servidos templados o fríos.

Lasaña picante de hortalizas

 4 RACIONES

 PREPARACIÓN:
15 minutos,
más reposo

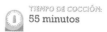 TIEMPO DE COCCIÓN:
55 minutos

información nutricional por ración	534 kcal, 28 g grasas, 12 g grasas sat., 15 g azúcares, 0,8 g sal

Esta vistosa lasaña lleva capas de hortalizas en salsa de tomate, y una suculenta salsa de queso por encima.

INGREDIENTES

1 berenjena en rodajas

3 cucharadas de aceite de oliva

2 dientes de ajo y 1 cebolla roja

3 pimientos (ajís) de distintos colores sin las semillas y en dados

225 g/3 tazas de champiñones y 2 ramas de apio

1 calabacín (zapallito) en dados

1/2 cucharadita de guindilla (chile) y 1/2 de comino, molidos

2 tomates (jitomates) picados

300 ml/1 1/4 tazas de concentrado de tomate (jitomate)

3 cucharadas de albahaca picada

8 láminas de lasaña precocida, sal y pimienta

salsa de queso

2 cucharadas de mantequilla y 1 de harina

150 ml/2/3 de taza de caldo de verduras y 300 ml/1 1/4 tazas de leche

75 g/2/3 de taza de cheddar para vegetarianos rallado

1 cucharadita de mostaza de Dijon y 1 huevo batido

1. Ponga la berenjena en un escurridor, sálela y déjela sudar 20 minutos. Enjuáguela bajo el chorro de agua fría, escúrrala y resérvela.

2. Precaliente el horno a 180 °C (350 °F). Caliente el aceite en una cazuela. Rehogue el ajo majado y la cebolla, partida por la mitad y en tiras, un par de minutos. Añada el pimiento, los champiñones en láminas, el apio en rodajas y el calabacín, y siga rehogando, sin dejar de remover, 3 o 4 minutos.

3. Incorpore la guindilla y el comino, y rehóguelo 1 minuto más. Eche el tomate, el concentrado y 2 cucharadas de la albahaca, y salpimiente.

4. Para preparar la salsa de queso, derrita la mantequilla en un cazo. Rehogue la harina 1 minuto. Aparte el cazo del calor y vierta poco a poco el caldo y la leche. Devuelva la salsa al fuego y añada la mitad del queso y toda la mostaza. Deje que hierva y remueva hasta que se espese. Incorpore el resto de la albahaca. Aparte la salsa del calor e incorpórele el huevo batido.

5. Disponga las placas de lasaña en una fuente refractaria. Añada la mitad de las hortalizas en salsa de tomate y, a continuación, la mitad de las rodajas de berenjena. Repita las capas y nápela con la salsa de queso. Esparza el queso restante por encima y cueza la lasaña en el horno precalentado 40 minutos, hasta que se dore y borbotee. Sírvala enseguida.

Pasta con puerro y calabaza

 4 RACIONES

 PREPARACIÓN:
15 minutos

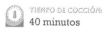 TIEMPO DE COCCIÓN:
40 minutos

información nutricional por ración	334 kcal, 5 g grasas, 1,5 g grasas sat., 9 g azúcares, 0,4 g sal

Esta original receta conjuga el dulzor de las hortalizas asadas con la calidez de las especias y el aroma del cilantro.

INGREDIENTES

150 g/2 tazas de puerro (poro) en rodajas de 2 cm/³/₄ in

175 g/1¹/₂ tazas de calabaza (zapallo anco) en dados

1¹/₂ cucharadas de pasta de curry suave

1 cucharadita de aceite vegetal

175 g/10 tomates (jitomates) cherry

250 g/8 oz de lazos

2 cucharadas de cilantro picado

sal

bechamel
250 ml/1 taza de leche desnatada (descremada)

20 g/3 cucharadas de maicena

1 cucharadita de mostaza molida

1 cebolla pequeña entera

2 hojas pequeñas de laurel

4 cucharaditas de parmesano para vegetarianos rallado

1. Para preparar la bechamel, ponga en un cazo la leche, la maicena, la mostaza, la cebolla y el laurel. Mezcle los ingredientes a fuego medio hasta obtener una salsa espesa. Apártela del calor y deseche la cebolla y el laurel. Incorpore el queso y remueva. Resérvela y remuévala de vez en cuando para evitar que se forme una telilla. Precaliente el horno a 200 °C (400 °F).

2. Ponga agua a hervir en una olla y cueza los puerros 2 minutos. Añada la calabaza y cuézalo todo 2 minutos más. Escurra las hortalizas. En un bol, mezcle la pasta de curry con el aceite. Incorpore el puerro y la calabaza, y remueva para que se impregnen bien del condimento.

3. Extienda el puerro y la calabaza en una bandeja de horno antiadherente y áselos 10 minutos, o hasta que se doren. Añada los tomates y áselo todo 5 minutos más.

4. Mientras tanto, ponga a hervir una olla de agua con un poco de sal. Eche la pasta y, contando a partir de que vuelva a romper el hervor, cuézala de 8 a 10 minutos, o hasta que esté al dente. Escúrrala bien. Pase la bechamel a una cazuela y caliéntela a fuego lento. Incorpore el puerro, la calabaza, los tomates y el cilantro. Por último, añada la pasta caliente. Repártalo entre 4 platos precalentados y sírvalo enseguida.

Canelones de setas

 4 RACIONES PREPARACIÓN: 15 minutos 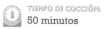 TIEMPO DE COCCIÓN: 50 minutos

información nutricional por ración	866 kcal, 51 g grasas, 16 g grasas sat., 13 g azúcares, 1,5 g sal

Esta receta ideal para los amantes de las setas puede prepararse con el surtido de setas silvestres que prefiera. Las setas calabaza, en concreto, tienen un sabor intenso con matices de frutos secos.

INGREDIENTES

12 tubos de canelones

6 cucharadas/¹/₃ de taza de aceite de oliva, y un poco más para pintar

1 cebolla picada

2 dientes de ajo picados

800 g/28 oz de tomate (jitomate) troceado de lata

1 cucharada de concentrado de tomate (jitomate)

8 aceitunas negras sin hueso y picadas

25 g/2 cucharadas de mantequilla

450 g/1 lb de setas (hongos) silvestres troceadas

85 g/2 tazas de pan recién rallado

150 ml/²/₃ de taza de leche

225 g/1 taza de ricota para vegetarianos

6 cucharadas/¹/₃ de taza de parmesano para vegetarianos recién rallado

2 cucharadas de piñones y 2 de almendra fileteada

sal y pimienta

1. Precaliente el horno a 190 °C (375 °F). Ponga a hervir agua con un poco de sal en una olla. Eche los tubos de canelones y, contando a partir de que vuelva a romper el hervor, cuézalos de 8 a 10 minutos, o hasta que estén al dente Retírelos con una espumadera, páselos a un plato y séquelos bien. Pinte una fuente refractaria grande con aceite.

2. Caliente 2 cucharadas del aceite en una sartén y sofría la cebolla y la mitad del ajo a fuego lento 5 minutos, o hasta que estén tiernos. Añada el tomate con su jugo, el concentrado y las aceitunas, y salpimiente. Lleve la salsa a ebullición y cuézala 3 o 4 minutos. Vierta la salsa en la fuente refractaria.

3. Para preparar el relleno, derrita la mantequilla en una sartén de base gruesa. Rehogue las setas y el resto del ajo a fuego medio, removiendo a menudo, de 3 a 5 minutos, o hasta que las setas estén tiernas.

4. Aparte la sartén del fuego. En un bol, mezcle el pan rallado con la leche y el aceite restante y, a continuación, añada la ricota, las setas rehogadas y 4 cucharadas (¹/₄ de taza) del parmesano. Salpimiente.

5. Rellene los canelones y póngalos en la fuente. Rocíelos con aceite y esparza por encima el resto del parmesano, los piñones y la almendra. Cuézalos en el horno precalentado 25 minutos, o hasta que se doren y borboteen. Sírvalos enseguida.

Potaje de alubias y espinacas

 4 RACIONES

 PREPARACIÓN:
10 minutos

 TIEMPO DE COCCIÓN:
40 minutos

información nutricional por ración	456 kcal, 16 g grasas, 4 g grasas sat., 8 g azúcares, 1,3 g sal

Lleve el sabor de la Toscana a la mesa con esta sopa tradicional llena de color.

INGREDIENTES

4 cucharadas/¼ de taza de aceite de oliva

1 cebolla picada

1 rama de apio picada

1 zanahoria en dados

1 hoja de laurel

1,2 litros/5 tazas de caldo de verduras

400 g/14½ oz de tomate (jitomate) troceado de lata

175 g/6 oz de lacitos

400 g/15 oz de alubias (chícharos) blancas cocidas, escurridas y enjuagadas

200 g/7 oz de espinacas o acelgas, sin los tronchos más gruesos y con las hojas en juliana

sal y pimienta

40 g/½ taza de parmesano para vegetarianos bien rallado, para servir

1. Caliente el aceite en una cazuela grande de base gruesa. Sofría la cebolla, el apio y la zanahoria a fuego medio 10 minutos, removiendo de vez en cuando, hasta que las hortalizas empiecen a ablandarse. Añada el laurel, el caldo y el tomate, y llévelo a ebullición.

2. Baje el fuego, tape la cazuela y cueza la sopa 15 minutos, o hasta que las hortalizas estén tiernas. Eche la pasta y las alubias y, contando a partir de que vuelva a romper el hervor, cuézalo de 8 a 10 minutos, o hasta que esté al dente.

3. Remueva de vez en cuando para que la pasta no se pegue en la base. Salpimiente, incorpore las espinacas y prosiga con la cocción 2 minutos, o hasta que estén tiernas. Deseche el laurel. Reparta el potaje entre 4 cuencos precalentados y sírvalo enseguida con el parmesano rallado.

Pappardelle con tomates cherry, rúcula y mozzarella

 4 RACIONES   PREPARACIÓN: 5 minutos   TIEMPO DE COCCIÓN: 15 minutos

información nutricional por ración	1218 kcal, 46 g grasas, 23 g grasas sat., 10 g azúcares, 1,6 g sal

La cremosidad del queso, el punto picante de la rúcula y el dulzor del tomate combinan a las mil maravillas y deleitan tanto la vista como el paladar.

INGREDIENTES

400 g/1 lb de pappardelle
2 cucharadas de aceite de oliva
1 diente de ajo picado
350 g/2½ tazas de tomates (jitomates) cherry partidos por la mitad
85 g/5 tazas de hojas de rúcula
300 g/2 tazas de mozzarella para vegetarianos
sal y pimienta
parmesano para vegetarianos rallado, para servir

1. Ponga a hervir una olla de agua con un poco de sal. Eche la pasta y, contando a partir de que vuelva a romper el hervor, cuézala de 8 a 10 minutos, o hasta que esté al dente.

2. Mientras tanto, caliente el aceite a fuego medio en una sartén y rehogue el ajo, removiendo, 1 minuto sin dejar que se dore.

3. Añada los tomates, salpimiente generosamente y rehogue durante 2 o 3 minutos más, hasta que se ablanden.

4. Escurra la pasta y pásela a la sartén. Agregue la rúcula y la mozzarella, y remueva hasta que las hojas pierdan tersura.

5. Sirva la pasta en platos precalentados, con parmesano por encima.

1

3

4

COMBINA CON
Aunque no es típica-
mente italiano, el pan
de centeno es el mejor
acompañamiento para
este sabroso plato.

Espaguetis a la boloñesa 38

Pasta con pavo al horno 40

Lasaña de carne 42

Lazos con pollo y brócoli 44

Espaguetis con pollo y pimiento 46

Pasta con chorizo 48

Espaguetis con carne en salmuera 50

Pasta con hamburguesas 52

Espaguetis con beicon y pan crujiente 54

Pasta con harissa y albóndigas de pavo 56

Plumas con salchichas 58

Espaguetis a la carbonara 60

Orecchiette con beicon y tomate 62

Pasta con pollo a la crema 64

Carnes

Espaguetis a la boloñesa

 4 RACIONES

 PREPARACIÓN: 15 minutos

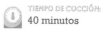 TIEMPO DE COCCIÓN: 40 minutos

información nutricional por ración	535 kcal, 14 g grasas, 4 g grasas sat., 5 g azúcares, 0,4 g sal

Esta salsa de carne tradicional de Bolonia también puede prepararse con ternera o buey y cerdo a partes iguales.

INGREDIENTES

350 g/12 oz de espaguetis u otro tipo de pasta
virutas de parmesano, para adornar (opcional)
ramitas de tomillo, para adornar
pan, para acompañar

salsa de carne
2 cucharadas de aceite de oliva
1 cebolla picada
2 dientes de ajo picados
1 zanahoria picada
85 g/1 taza de champiñones partidos en cuartos (opcional)
1 cucharadita de orégano
½ cucharadita de tomillo
1 hoja de laurel
280 g/10 oz de buey (vaca) magro picado
300 ml/1¼ tazas de caldo
300 ml/1¼ tazas de concentrado de tomate (jitomate)
sal y pimienta

1. Para preparar la salsa, caliente el aceite en una cazuela antiadherente de base gruesa. Rehogue la cebolla, a medio tapar, 5 minutos o hasta que esté tierna. Añada el ajo, la zanahoria y, si lo desea, los champiñones. Siga rehogando 3 minutos más, removiendo de vez en cuando.

2. Incorpore las hierbas y la carne a las hortalizas, y prosiga con la cocción hasta que la carne se dore, removiendo.

3. Añada el caldo y el concentrado de tomate. Baje el fuego, salpimiente y cueza la salsa a fuego medio-lento, a medio tapar, de 15 a 20 minutos, hasta que se reduzca y se espese. Retire el laurel.

4. Mientras tanto, ponga a hervir una olla de agua con un poco de sal. Eche la pasta y, contando a partir de que vuelva a romper el hervor, cuézala de 8 a 10 minutos, o hasta que esté al dente. Escurra bien los espaguetis y mézclelos bien con la salsa. Adórnelos con parmesano, si lo desea, y unas ramitas de tomillo. Sírvalos enseguida, acompañados de pan.

Pasta con pavo al horno

 4 RACIONES

 PREPARACIÓN:
15 minutos

 TIEMPO DE COCCIÓN:
50 minutos

información nutricional por ración	
	614 kcal, 27 g grasas, 15 g grasas sat., 8 g azúcares, 1,1 g sal

Con esta receta acertará seguro, ya que es saciante, fácil de hacer y económica, ideal para una cena familiar entre semana.

INGREDIENTES

115 g/1 barra de mantequilla
1 cucharada de aceite de oliva
1 cebolla picada
450 g/1 lb de pavo recién picado
2 cucharadas de harina
700 ml/3 tazas de leche
1 cucharadita de mostaza de Dijon
85 g/³/₄ de taza de cheddar rallado
280 g/10 oz de macarrones
2 cucharadas de perejil picado
85 g/2 tazas de pan recién rallado

1. Derrita 2 cucharadas de la mantequilla con el aceite en una sartén. Rehogue la cebolla a fuego lento, removiendo de vez en cuando, 5 minutos o hasta que se ablande. Añada el pavo, suba el fuego a temperatura moderada y siga rehogando, removiendo a menudo, 7 u 8 minutos, hasta que se dore de modo uniforme. Aparte la sartén del fuego. Con una espumadera, pase el pavo rehogado a un bol y resérvelo.

2. Derrita 3 cucharadas del resto de la mantequilla en un cazo y rehogue la harina, sin dejar de remover, 1 minuto. Aparte el cazo del calor y vierta la leche poco a poco. Devuelva la salsa al fuego y llévela a ebullición, sin dejar de remover hasta que se espese. Apártela del fuego e incorpore la mostaza, el pavo rehogado y 55 g (¹/₂ taza) del queso.

3. Precaliente el horno a 180 °C (350 °F). Ponga a hervir agua con un poco de sal en una olla. Eche la pasta y, contando a partir de que vuelva a romper el hervor, cuézala de 8 a 10 minutos, o hasta que esté al dente. Escúrrala y mézclala, con el perejil y el picadillo de pavo.

4. Páselo a una fuente refractaria, esparza el pan rallado y el resto del queso por encima, y reparta unas nueces de mantequilla. Cuézalo en el horno precalentado 25 minutos, hasta que se dore y borbotee. Sírvalo enseguida.

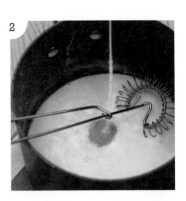

Lasaña de carne

 6 RACIONES PREPARACIÓN: 15 minutos 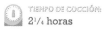 TIEMPO DE COCCIÓN: 2¼ horas

información nutricional por ración	629 kcal, 71 g grasas, 30 g grasas sat., 5 g azúcares, 2,8 g sal

Preparar una lasaña de sabor auténtico lleva su tiempo, aunque el resultado merece la pena.

INGREDIENTES

175 ml/¾ de taza de aceite de oliva

55 g/4 cucharadas de mantequilla

100 g/4 oz de panceta en dados

1 cebolla picada

1 rama de apio picada

1 zanahoria picada

350 g/12 oz de buey (vaca) para estofar en un trozo

5 cucharadas/⅓ de taza de vino tinto

2 cucharadas de concentrado de tomate (jitomate)

200 g/8 oz de salchichas

2 huevos

150 g/1¾ tazas de parmesano recién rallado

30 g/⅔ de taza de pan recién rallado

350 g/1⅓ tazas de ricota

8 placas de lasaña precocida

350 g/12 oz de mozzarella en lonjas

sal y pimienta

perejil picado, para adornar

1. Caliente 125 ml (½ taza) del aceite con la mantequilla en una cazuela. Rehogue la panceta, la cebolla, el apio y la zanahoria a fuego lento hasta que se ablanden. Suba el fuego a temperatura moderada, añada la carne y rehóguela hasta que se dore de modo uniforme. Incorpore el vino y el concentrado de tomate, salpimiente y llévelo a ebullición. Baje el fuego, tápelo y cueza la carne a fuego lento 1½ horas, hasta que esté tierna.

2. Mientras tanto, caliente 2 cucharadas del aceite restante en una sartén. Fría las salchichas de 8 a 10 minutos. Retírelas de la sartén y quíteles la piel. Córtelas en rodajitas y resérvelas. Ponga la carne en una tabla de cortar y córtela en daditos. Devuelva la mitad de la carne a la cazuela, con la salsa.

3. Ponga el resto de la carne en un bol y mézclela con 1 huevo, 1 cucharada del parmesano y el pan rallado. Con la mezcla obtenida, forme bolitas del tamaño de una nuez. Caliente el resto del aceite en una sartén y rehogue las albóndigas de 5 a 8 minutos, hasta que se doren. Tamice la ricota en un bol, presionando. Incorpórele el otro huevo y 4 cucharadas (¼ de taza) del resto del parmesano.

4. Precaliente el horno a 180 °C (350 °F). En una fuente refractaria rectangular, disponga capas de láminas de lasaña, crema de ricota, salsa de carne, albóndigas, salchicha y mozzarella, terminando con una de crema de ricota. Esparza el resto del parmesano por encima.

5. Cueza la lasaña en el horno de 20 a 25 minutos, hasta que se dore y borbotee. Sírvala enseguida, adornada con perejil picado.

Lazos con pollo y brócoli

 4 RACIONES   PREPARACIÓN: 10 minutos   TIEMPO DE COCCIÓN: 20-25 minutos

información nutricional por ración	707 kcal, 33 g grasas, 12 g grasas sat., 3 g azúcares, 0,7 g sal

Este es uno de esos platos demasiado bonitos para hincarles el diente, pero a la vez demasiado apetitosos para resistir la tentación.

INGREDIENTES

4 cucharadas/¹⁄₄ de taza de aceite de oliva

5 cucharadas de mantequilla

3 dientes de ajo majados

450 g/1 lb de pechugas de pollo sin el hueso ni la piel en daditos

¹⁄₄ de cucharadita de copos de guindilla (chile) roja majados

450 g/1 lb de ramitos de brócoli pequeños

300 g/10¹⁄₂ oz de lazos

175 g/7 oz de pimientos (ajís) rojos asados en conserva, escurridos y en dados

250 ml/1¹⁄₄ tazas de caldo de pollo

sal y pimienta

1. Ponga a hervir agua con sal en una olla. Mientras tanto, caliente el aceite de oliva y la mantequilla en una sartén grande a fuego medio-bajo y sofría el ajo hasta que empiece a tomar color.

2. Incorpore el pollo, suba el fuego a temperatura moderada y rehóguelo 4 o 5 minutos, hasta que esté hecho. Agregue la guindilla y salpimiente. Aparte la sartén del fuego.

3. Escalde el brócoli 2 minutos en agua hirviendo. Retírelo con una espumadera y resérvelo. Lleve el agua de nuevo a ebullición. Eche la pasta y, contando a partir de que vuelva a romper el hervor, cuézala de 8 a 10 minutos, o hasta que esté al dente Escúrrala e incorpórela al pollo de la sartén. Añada el brócoli y el pimiento. Vierta el caldo. Déjelo cocer a fuego medio-alto, removiendo con frecuencia, hasta que se reduzca parte del líquido.

4. Repártalo entre 4 platos precalentados y sírvalo enseguida.

1

2

3

COMBINA CON
El acompañamiento
perfecto sería un
vino rosado o,
si prefiere una
bebida sin alco-
hol, zumo de
uva o manzana
con gas.

Espaguetis con pollo y pimiento

 4 RACIONES

 PREPARACIÓN:
25 minutos,
más adobo

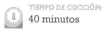 TIEMPO DE COCCIÓN:
40 minutos

información nutricional por ración	500 kcal, 11 g grasas, 2 g grasas sat., 8 g azúcares, 0,4 g sal

En esta receta el pollo se deja adobar, pero merece la pena esperar para saborear este apetitoso plato picante.

INGREDIENTES

12 pechugas de pollo sin el hueso ni la piel y en dados

1 cucharada de aceite de cacahuete (maní)

1 pimiento (ají, morrón) rojo y 1 verde, sin las semillas y picados

200 g/1 taza de tomate (jitomate) troceado de lata

450 g/1 lb de espaguetis

sal

adobo

2 cucharadas de cebolleta (cebolla tierna) picada, y un poco más para adornar

1-2 guindillas (chiles) sin las semillas y picadas

2 dientes de ajo picados

1 cucharadita de canela molida

1 cucharadita de pimienta de Jamaica molida

1 pizca de nuez moscada rallada

2 cucharaditas de azúcar moreno

2 cucharadas de aceite de cacahuete (maní)

1 cucharada de zumo (jugo) de lima (limón) y 1 de vinagre de vino blanco

sal y pimienta

1. Ponga el pollo en una fuente grande que no sea metálica. Mezcle bien los ingredientes del adobo en un bol. Échelo sobre el pollo y repártalo con las manos. Tape la fuente con film transparente y deje adobar el pollo en el frigorífico 2 horas como mínimo, o mejor toda la noche.

2. Caliente el aceite en una cazuela y rehogue el pimiento a fuego medio-lento, removiendo de vez en cuando, 5 minutos. Eche el pollo con el adobo y siga rehogando, removiendo, 5 minutos o hasta que esté hecho. Añada el tomate, baje el fuego, tápelo y cueza la salsa, removiendo de vez en cuando, 30 minutos. Compruebe la cocción de vez en cuando y, si se secara demasiado, añádale un poco de agua.

3. A mitad de cocción de la salsa, ponga a hervir agua con un poco de sal en una olla. Eche la pasta y, contando a partir de que vuelva a romper el hervor, cuézala de 8 a 10 minutos, o hasta que esté al dente.

4. Escurra la pasta e incorpórela a la mezcla de la cazuela. Repártalo entre 4 platos precalentados, adórnelo con la cebolleta y sírvalo enseguida.

Pasta con chorizo

 4 RACIONES

PREPARACIÓN:
10 minutos

TIEMPO DE COCCIÓN:
20 minutos

información nutricional por ración	780 kcal, 33 g grasas, 10 g grasas sat., 14 g azúcares, 2,8 g sal

Ideal para animar un día especialmente gris, este plato colorido y exquisito es una apuesta segura.

INGREDIENTES

3 cucharadas de aceite de oliva

1 cebolla picada

1 pimiento (ají, morrón) rojo y 1 naranja, sin las semillas y en dados

800 g/28 oz de tomate (jitomate) troceado de lata

1 cucharada de concentrado de tomate (jitomate)

1 cucharadita de pimentón

225 g/8 oz de chorizo en lonchas

2 cucharadas de perejil picado, y un poco más para adornar

450 g/1 lb de plumas

sal y pimienta

1. Caliente 2 cucharadas del aceite en una sartén grande de base gruesa. Rehogue la cebolla a fuego lento, removiendo de vez en cuando, 5 minutos o hasta que se ablande. Agregue el pimiento, el tomate con su jugo, el concentrado de tomate y el pimentón, y llévelo a ebullición.

2. Añada el chorizo y el perejil y salpimiente. Remueva bien la salsa, llévela a ebullición, baje el fuego y cuézala a fuego lento de 10 a 15 minutos.

3. Mientras tanto, ponga a hervir una olla de agua con un poco de sal. Eche la pasta y, contando a partir de que vuelva a romper el hervor, cuézala de 8 a 10 minutos, o hasta que esté al dente. Escúrrala bien y pásela a una fuente de servicio precalentada. Rocíela con el resto del aceite y remuévala. Incorpore la salsa y mézclelo bien. Adórnelo con perejil y sírvalo enseguida.

SUGERENCIA

La receta original italiana se prepara con pepperoni, un tipo de embutido parecido al salami. Sin embargo, queda igual de buena con chorizo, salami o similar.

Espaguetis con carne en salmuera

 4 RACIONES

PREPARACIÓN:
15 minutos

TIEMPO DE COCCIÓN:
25-30 minutos

información nutricional por ración	742 kcal, 21 g grasas, 8 g grasas sat., 8 g azúcares, 2,8 g sal

La carne de buey en salmuera se vende enlatada. Seguro que en esta salsa hace las delicias de los más pequeños de la familia.

INGREDIENTES

2 cucharadas de aceite de girasol

1 cebolla grande picada

2-3 dientes de ajo picados

500 g/1 lb de carne en salmuera troceada

400 g/14¹/₂ oz de tomate (jitomate) troceado de lata

450 g/1 lb de espaguetis

2 cucharadas de perejil picado

1 pizca de copos de guindilla (chile) roja majados o 1 chorrito de tabasco o salsa Worcestershire

sal y pimienta

1. Caliente el aceite en una sartén grande y rehogue a fuego medio la cebolla y el ajo 5 minutos, hasta que empiecen a tomar color.

2. Añada la carne y rehóguela, removiendo y chafándola con una cuchara de madera, de 5 a 8 minutos, hasta que se consuma el líquido. Escurra el tomate, reservando el jugo, y échelo en la sartén. Prosiga con la cocción 10 minutos más, añadiendo un poco de jugo del tomate si la salsa se secara demasiado.

3. Mientras tanto, ponga a hervir una olla de agua con un poco de sal. Eche la pasta y, contando a partir de que vuelva a romper el hervor, cuézala de 8 a 10 minutos, o hasta que esté al dente.

4. Escurra la pasta y pásela a la sartén con la salsa. Incorpore el perejil y la guindilla y salpimiente con moderación, ya que la carne es de por sí salada. Mézclelo bien y caliéntelo unos minutos. Sírvalo enseguida.

1

2

2

Pasta con hamburguesas

 4 RACIONES PREPARACIÓN: 10 minutos  TIEMPO DE COCCIÓN: 15 minutos

información nutricional por ración	686 kcal, 34 g grasas, 12 g grasas sat., 8 g azúcares, 0,9 g sal

Un buen recurso para aprovechar las hamburguesas que tenga en la nevera y algunos ingredientes básicos para preparar un primer plato en un instante.

INGREDIENTES

300 g/10 oz de caracolas

350 g/12 oz de hamburguesas

400 g/16 oz de menestra de verduras descongelada, que lleve zanahoria, maíz (elote) y brócoli o judías verdes (chauchas, ejotes)

400 g/14½ oz de tomate (jitomate) troceado de lata

1 diente de ajo picado

1-1½ guindillas (chiles) encurtidas picadas

3 cucharadas de aceite de oliva

2 cucharadas de parmesano recién rallado

sal y pimienta

1. Precaliente el gratinador. Ponga a hervir agua con un poco de sal en una olla. Eche la pasta y, contando a partir de que vuelva a romper el hervor, cuézala de 8 a 10 minutos, o hasta que esté al dente.

2. Mientras tanto, ase las hamburguesas bajo el gratinador 7 u 8 minutos por cada lado, hasta que estén hechas. Ponga a hervir agua con un poco de sal en otra olla y cueza la menestra unos 5 minutos.

3. Escurra la menestra, píquela un poco en el robot de cocina y pásela a una cazuela. Triture un poco las hamburguesas asadas en el robot y mézclelas con la menestra en la cazuela. Incorpore el tomate, el ajo, la guindilla y el aceite, salpimiente y caliéntelo todo bien.

4. Escurra la pasta y pásela a una fuente de servicio precalentada. Añada la salsa de menestra y hamburguesas y mézclelo con suavidad. Esparza el queso por encima y sírvalo enseguida.

3

3

3

RICO Y
DIFERENTE
Si prepara este plato
para niños o si no
le gusta la comida
picante, omita la
guindilla y añada
una pizca de orégano.

Espaguetis con beicon
y pan crujiente

 2 RACIONES PREPARACIÓN: 10 minutos TIEMPO DE COCCIÓN: 10 minutos

información nutricional por ración	787 kcal, 42 g grasas, 11 g grasas sat., 4 g azúcares, 2,7 g sal

Rápido, fácil y barato pero apetitoso, este plato de pasta es perfecto para compartirlo con la familia entre semana.

INGREDIENTES

1 chapata pequeña del día anterior

1 ramita de romero fresco

175 g/6 oz de espaguetis

2 cucharaditas de aceite de oliva

140 g/5 oz de beicon (panceta, tocino) en tiras

15 g/1 cucharada de mantequilla

40 g/¹/₃ de taza de piñones

2 dientes de ajo majados

2-3 cucharadas de perejil picado

sal y pimienta

1. Triture la chapata, corteza incluida, en el robot de cocina o la batidora hasta obtener pan rallado grueso. Maje la ramita de romero en el mortero o aplástela con el rodillo para que suelte su aroma.

2. Ponga a hervir una olla de agua con un poco de sal. Eche la pasta y, contando a partir de que vuelva a romper el hervor, cuézala de 8 a 10 minutos, o hasta que esté al dente.

3. Mientras tanto, caliente el aceite en una sartén grande y rehogue el beicon y el romero 2 o 3 minutos, hasta que el beicon se dore bien. Con una espumadera, páselo a una ensaladera precalentada.

4. Añada la mantequilla a la grasa que haya quedado en la sartén. Cuando se derrita y espume, eche el pan, los piñones y el ajo. Rehóguelos 2 o 3 minutos, removiendo hasta que se doren, y resérvelos en la ensaladera con el beicon.

5. Escurra la pasta y póngala también en la ensaladera. Añada el perejil, salpimiente y mézclelo bien. Sírvalo enseguida.

Pasta con harissa y albóndigas de pavo

 4 RACIONES PREPARACIÓN: 15 minutos 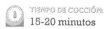 TIEMPO DE COCCIÓN: 15-20 minutos

información nutricional por ración	560 kcal, 10 g grasas, 3 g grasas sat., 7,5 g azúcares, 0,7 g sal

Si le gusta la comida picante, este plato del norte de África satisfará sus expectativas. Además, puede dosificar el grado de picante a su gusto.

INGREDIENTES

350 g/12 oz de pavo recién picado
55 g/½ taza de pan rallado
6 cucharadas/⅓ de taza de yogur griego
1 huevo
½ cucharadita de cilantro molido
½ cucharadita de comino molido
½-1 cucharadita de harissa
3 cucharadas de perejil picado
350 g/8 oz de espaguetis o tallarines
aceite de oliva, para rociar
sal y pimienta

salsa
400 g/14½ oz de tomate (jitomate) troceado de lata
1 guindilla (chile) pequeña sin las pepitas (semillas) y picada
¼ de cucharadita de canela molida
½ cucharadita de comino molido

1. Precaliente el horno a 200 °C (400 °F) y forre la bandeja con papel vegetal.

2. Mezcle bien en un bol el pavo con el pan rallado, el yogur, el huevo, el cilantro, el comino, la harissa y el perejil. Salpimiente. Forme con el picadillo albóndigas del tamaño de una pelota de golf y póngalas en la bandeja. Áselas 15 minutos en el horno, o hasta que empiecen a dorarse.

3. Mientras tanto, ponga a hervir una olla de agua con un poco de sal. Eche la pasta y, contando a partir de que vuelva a romper el hervor, cuézala de 8 a 10 minutos, o hasta que esté al dente.

4. Mientras tanto, ponga todos los ingredientes de la salsa en una cazuela y cuézalos, removiendo de vez en cuando, 5 minutos o hasta obtener una salsa espesa. Escurra la pasta, pásela a una fuente precalentada, rocíela con un chorrito de aceite y remuévala bien.

5. Saque las albóndigas del horno y añádalas a la pasta. Nápelo con la salsa y mézclelo bien. Sírvalo enseguida.

Plumas con salchichas

🍽 6 RACIONES

🏛 PREPARACIÓN:
15 minutos

⏱ TIEMPO DE COCCIÓN:
20-25 minutos

información nutricional por ración	437 kcal, 19 g grasas, 6 g grasas sat., 5 g azúcares, 1,5 g sal

Muy rico, sabroso y con un toque picante, este plato animará las comidas con los amigos.

INGREDIENTES

2 cucharadas de aceite de oliva

1 cebolla roja troceada

2 dientes de ajo troceados

6 salchichas italianas sin piel y desmenuzadas

$^{1}/_{2}$ cucharadita de copos de guindilla (chile) roja majados

2 cucharadas de orégano fresco picado

400 g/14$^{1}/_{2}$ oz de tomate (jitomate) troceado de lata

350 g/12 oz de plumas

sal y pimienta

1. Caliente el aceite en una cazuela y sofría la cebolla a fuego medio, removiendo a menudo, de 6 a 8 minutos, hasta que empiece a dorarse. Añada el ajo y la carne desmenuzada de las salchichas y rehóguelo todo de 8 a 10 minutos, separando los grumos de la carne, si se apelmaza, con una cuchara de madera.

2. Añada la guindilla y el orégano, y remueva bien. Incorpore el tomate y llévelo a ebullición. Cueza la salsa a fuego lento 4 o 5 minutos, hasta que se reduzca y se espese. Salpimiente.

3. Mientras tanto, ponga a hervir una olla de agua con un poco de sal. Eche la pasta y, contando a partir de que vuelva a romper el hervor, cuézala de 8 a 10 minutos, o hasta que esté al dente. Escúrrala y devuélvala a la olla.

4. Vierta la salsa sobre la pasta y mézclelo bien. Repártalo entre 6 platos precalentados y sírvalo enseguida.

1

2

3
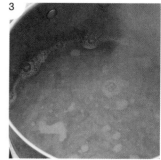

SUGERENCIA

Las salchichas italianas son conocidas por su marcado sabor picante. No obstante, si no las encuentra, sustitúyalas por otras salchichas de cerdo de buena calidad.

Espaguetis a la carbonara

 4 RACIONES

 PREPARACIÓN:
15 minutos

 TIEMPO DE COCCIÓN:
15-20 minutos

información nutricional
por ración | 1498 kcal, 73 g grasas, 35 g grasas sat., 7 g azúcares, 4 g sal

Este plato italiano tan popular combina panceta y nata extragrasa con dos quesos curados: parmesano y pecorino.

INGREDIENTES

400 g/1 lb de espaguetis

4 huevos

4 cucharadas/$1/4$ de taza de nata (crema) extragrasa

55 g/$2/3$ de taza de parmesano recién rallado, y un poco más para servir

55 g/$2/3$ de taza de pecorino rallado

1 cucharada de mantequilla

150 g/6 oz de panceta en tiras

sal y pimienta

1. Ponga a hervir una olla de agua con un poco de sal. Eche la pasta y, contando a partir de que vuelva a romper el hervor, cuézala de 8 a 10 minutos, o hasta que esté al dente.

2. Mientras tanto, mezcle en un bol los huevos con la nata, el parmesano y el pecorino. Salpimiente.

3. Derrita la mantequilla en una cazuela y rehogue la panceta a fuego medio de 8 a10 minutos, hasta que esté crujiente. Escurra los espaguetis y devuélvalos a la cazuela antes de que dejen de chorrear del todo. Nápelos con la salsa de queso. Aparte la cazuela del fuego. Remueva los espaguetis hasta que el huevo empiece a cuajar y esté cremoso, sin pasar de ese punto.

4. Reparta la pasta entre 4 platos precalentados y sírvala enseguida, con pimienta y un poco más de parmesano por encima.

2

3

3

SUGERENCIA

Para que el plato quede más sustancioso, rehogue un par de chalotes picados con la panceta y añada 115 g (2 tazas) de champiñones en láminas.

Orecchiette con beicon y tomate

 4 RACIONES

 PREPARACIÓN: 15 minutos

 TIEMPO DE COCCIÓN: 25-30 minutos

información nutricional por ración	592 kcal, 17 g grasas, 8 g grasas sat., 10 g azúcares, 1,5 g sal

Un plato ideal para el verano, cuanto los tomates están más sabrosos.

INGREDIENTES

10 tomates (jitomates) maduros pequeños (unas 2 lb)

6 lonjas de beicon (panceta, tocino) sin la corteza

4 cucharadas de mantequilla

1 cebolla picada

1 diente de ajo majado

4 ramitas de orégano fresco picadas

1 lb de orecchiette

sal y pimienta

queso pecorino recién rallado, para servir

1. Escalde los tomates con agua hirviendo. Escúrralos, pélelos, despepítelos y trocéelos.

2. Con un cuchillo afilado, corte el beicon en tiras. Derrita la mantequilla en una cazuela. Rehogue el beicon 2 o 3 minutos, hasta que se dore.

3. Eche la cebolla y el ajo, y siga rehogando a temperatura moderada de 5 a 7 minutos, hasta que empiecen a ablandarse. Añada el tomate y el orégano y salpimiente. Baje el fuego y prosiga con la cocción de 10 a 12 minutos.

4. Mientras tanto, ponga a hervir una olla de agua con un poco de sal. Eche la pasta y, contando a partir de que vuelva a romper el hervor, cuézala de 8 a 10 minutos, o hasta que esté al dente. Escúrrala y pásela a una fuente de servicio precalentada. Nápela con la salsa, remueva bien y sírvala enseguida con pecorino.

1

3

4

Pasta con pollo a la crema

 2 RACIONES   PREPARACIÓN: 5 minutos   TIEMPO DE COCCIÓN: 10-15 minutos

información nutricional por ración	810 kcal, 30 g grasas, 15 g grasas sat., 4 g azúcares, 0,3 g sal

La pura sencillez de este plato de sabor delicado es lo que hace que resulte absolutamente redondo.

INGREDIENTES

200 g/8 oz de plumas

1 cucharada de aceite de oliva

2 pechugas de pollo sin el hueso ni la piel

4 cucharadas/¼ de taza de vino blanco seco

115 g/³/₄ de taza de guisantes (arvejas, chícharos) descongelados

5 cucharadas/¼ de taza de nata (crema) extragrasa

4-5 cucharadas/¼ de taza de perejil picado, para adornar

1. Ponga a hervir una olla de agua con un poco de sal. Eche la pasta y, contando a partir de que vuelva a romper el hervor, cuézala de 8 a 10 minutos, o hasta que esté al dente.

2. Mientras tanto, caliente el aceite en una sartén y rehogue las pechugas a fuego medio unos 4 minutos por cada lado.

3. Riéguelas con el vino y prosiga con la cocción a fuego fuerte hasta que se evapore casi del todo.

4. Escurra la pasta. Eche los guisantes, la nata y la pasta en la sartén, y remueva bien. Tápelo y déjelo cocer a fuego lento 2 minutos. Adórnelo con el perejil picado y sírvalo enseguida.

COMBINA CON
Una colorida ensalada
de achicoria, naranja
y remolacha aliñada
con salsa de yogur
es el acompañamiento
perfecto de este plato
cremoso.

Pasta con atún al horno *68*

Espaguetis con bacalao *70*

Pasta con pez espada a la siciliana *72*

Linguine con almejas en salsa de tomate *74*

Tallarines con salmón ahumado y rúcula *76*

Penne con calamares y tomate *78*

Ensalada de pasta con melón y gambas *80*

Canelones de salmón *82*

Espaguetis con atún y perejil *84*

Linguine con gambas y vieiras *86*

Espaguetis con atún *88*

Ensalada nizarda *90*

Sopa de vieiras con pasta *92*

Sopa de mejillones con pasta *94*

Pescado y marisco

Pasta con atún al horno

 4 RACIONES

 PREPARACIÓN:
20 minutos

 TIEMPO DE COCCIÓN:
35 minutos

información nutricional por ración	600 kcal, 27 g grasas, 13 g grasas sat., 8 g azúcares, 2,6 g sal

Desde que se inventaran en 1897, en Estados Unidos es típico añadir sopas y cremas en conserva a los platos gratinados. El más popular sigue siendo este con atún.

INGREDIENTES

200 g/8 oz de tallarines

25 g/2 cucharadas de mantequilla

55 g/1¼ tazas de pan recién rallado

400 ml/14½ oz de crema de champiñones en conserva

125 ml/½ taza de leche

2 ramas de apio picadas

1 pimiento (ají, morrón) rojo y 1 verde sin las pepitas (semillas) y picados

140 g/1¼ tazas de cheddar curado rallado

2 cucharadas de perejil picado

200 g/5 oz de atún en aceite escurrido y desmenuzado

sal y pimienta

1. Precaliente el horno a 200 °C (400 °F). Ponga a hervir agua con un poco de sal en una olla. Eche la pasta y, cuando el agua rompa a hervir, cuézala 2 minutos menos del tiempo indicado en el envase.

2. Mientras tanto, derrita la mantequilla a fuego medio en un cazo. Incorpore el pan rallado, apártelo del calor y resérvelo.

3. Escurra bien la pasta y resérvela también. Caliente la crema de champiñones a fuego medio en la olla de cocer la pasta y, después, incorpore la leche, el apio, el pimiento, la mitad del queso y todo el perejil. Añada el atún y remueva con suavidad para que no se desmenuce demasiado. Salpimiente. Caliente la salsa solo hasta que empiece a borbotear por los bordes, sin que llegue a hervir.

4. Eche la pasta en la olla y, con dos tenedores, mézclala con la salsa. Pásela a una fuente refractaria y extiéndala de modo uniforme. Incorpore el resto del queso al pan rallado rehogado y, después, repártalo sobre la pasta. Cuézalo en el horno precalentado de 20 a 25 minutos, hasta que se dore y borbotee. Déjelo reposar 5 minutos antes de servirlo.

Espaguetis con bacalao

 4 RACIONES   PREPARACIÓN: 10 minutos   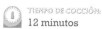 TIEMPO DE COCCIÓN: 12 minutos

información nutricional por ración	725 kcal, 39 g grasas, 6 g grasas sat., 6 g azúcares, 0,3 g sal

Esta receta es increíblemente rápida y fácil de preparar, y el plato es sorprendentemente sabroso.

INGREDIENTES

300 g/10 oz de espaguetis

200 ml/1 taza de aceite de oliva virgen extra

1 diente de ajo pelado y entero

450 g/3 tazas de tomates (jitomates) cherry partidos por la mitad

1 pizca de copos de guindilla (chile, ají picante) roja (opcional)

600 g/1¼ lb de filetes de bacalao sin la piel y en trocitos

sal y pimienta

1. Ponga a hervir una olla de agua con un poco de sal. Eche la pasta y, contando a partir de que vuelva a romper el hervor, cuézala de 8 a 10 minutos, o hasta que esté al dente.

2. Mientras tanto, ponga el aceite en una cazuela y sofría unos minutos el ajo a fuego lento, removiendo de vez en cuando, hasta que empiece a dorarse. Retírelo y deséchelo. Ponga los tomates en la cazuela y sálelos. Suba el fuego y rehóguelos, sacudiendo la cazuela de vez en cuando, 6 o 7 minutos, hasta que empiecen a tomar color y pierdan volumen pero sin que se deshagan.

3. Añada la guindilla, si lo desea, y el pescado y prosiga con la cocción, removiendo con suavidad, un par de minutos. Vierta un cucharón del agua de cocción de la pasta y rectifique la sazón. Escurra la pasta, pásela a la cazuela con la salsa y remueva. Apártelo del calor, repártalo entre 4 platos precalentados y sírvalo enseguida.

2
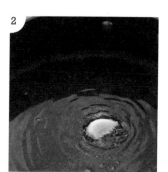

2

3

RICO Y DIFERENTE

Puede sustituir el bacalao por otro tipo de pescado blanco consistente, como mero o pargo.

Pasta con pez espada a la siciliana

 4 RACIONES

PREPARACIÓN:
20 minutos

TIEMPO DE COCCIÓN:
30 minutos

información nutricional por ración	441 kcal, 10 g grasas, 2 g grasas sat., 6,5 g azúcares, 1,1 g sal

Sicilia es célebre por sus recetas de pez espada, que suelen incluir otros ingredientes tradicionales, como las alcaparras y las aceitunas.

INGREDIENTES

1 cucharada de aceite de oliva
4 dientes de ajo pelados
1 cebolla picada
8 aceitunas negras sin hueso y picadas
4 pepinillos picados
2 cucharadas de alcaparras enjuagadas y picadas
300 g/10 oz de espaguetis o linguine
400 g/14¹/₂ oz de tomate (jitomate) troceado de lata
450 g/1 lb de pez espada en trocitos
sal y pimienta
hojas de albahaca, para adornar

1. Caliente el aceite en una sartén honda y eche el ajo. Cuando empiece a dorarse, retírelo y deséchelo. Sofría la cebolla a fuego lento, removiendo de vez en cuando, de 8 a 10 minutos, hasta que empiece a tomar color. Incorpore las aceitunas, los pepinillos y las alcaparras, salpimiente y rehóguelo, removiendo de vez en cuando, 5 minutos.

2. Mientras tanto, ponga a hervir una olla de agua con un poco de sal. Eche la pasta y, contando a partir de que vuelva a romper el hervor, cuézala de 8 a 10 minutos, o hasta que esté al dente.

3. Añada el tomate a la mezcla de la sartén, suba el fuego a temperatura moderada y lleve la salsa a ebullición, removiendo. A continuación, baje el fuego y cuézala a fuego lento 5 minutos. Agregue el pescado y prosiga con la cocción 5 minutos más.

4. Escurra la pasta y pásela a una fuente precalentada. Nápela con la salsa de pescado, adórnela con unas hojas de albahaca y sírvala enseguida.

1

1

3

SUGERENCIA

Aunque es un pescado azul, el pez espada suele quedar seco, por eso hay que cocerlo poco, sólo hasta que quede opaco.

Linguine con almejas en salsa de tomate

4 RACIONES PREPARACIÓN: 20 minutos TIEMPO DE COCCIÓN: 35 minutos

información nutricional por ración	522 kcal, 11,5 g grasas, 2 g grasas sat., 9 g azúcares, 0,7 g sal

Esta especialidad napolitana lleva tres de los ingredientes favoritos de la ciudad: pasta, tomate y almejas.

INGREDIENTES

1 kg/2¼ lb de almejas limpias

225 ml/1 taza de vino blanco seco

2 dientes de ajo troceados

4 cucharadas/¼ de taza de perejil picado

2 cucharadas de aceite de oliva

1 cebolla picada

8 tomates (jitomates) pera pelados, sin las pepitas (semillas) y picados

1 guindilla (chile, ají picante) roja fresca sin las pepitas (semillas) y picada

350 g/12 oz de linguine

sal y pimienta

1. Deseche las almejas que estén rotas o las que no se abran al darles un golpecito seco. Vierta el vino en una cazuela de base gruesa y añada el ajo, la mitad del perejil y las almejas. Tape la cazuela y cueza las almejas 5 minutos a fuego fuerte, agitando la cazuela de vez en cuando, hasta que se hayan abierto. Retírelas con una espumadera y reserve el líquido de la cocción. Deseche las almejas que no se hayan abierto. Separe la mitad de las almejas de las valvas y páselas a un bol. Ponga las almejas con las valvas en otro bol. A continuación, pase el caldo por un colador forrado con muselina y resérvelo.

2. Caliente el aceite en otra cazuela de base gruesa. Sofría la cebolla a fuego lento 5 minutos, o hasta que se ablande. Añada el tomate, la guindilla y el caldo de cocción reservado, y salpimiente. Lleve la salsa a ebullición, tape la cazuela a medias y cuézala a fuego lento 20 minutos.

3. Mientras tanto, ponga a hervir una olla de agua con un poco de sal. Eche la pasta y, contando a partir de que vuelva a romper el hervor, cuézala de 8 a 10 minutos, o hasta que esté al dente. Escúrrala y pásela a una fuente de servir precalentada.

4. Incorpore las almejas sin las valvas a la salsa de tomate y caliéntelas 2 o 3 minutos. Vierta la salsa sobre la pasta y remueva. Adórnelo con las almejas con las valvas y el resto del perejil. Sírvalo enseguida.

Tallarines con salmón ahumado y rúcula

 4 RACIONES   PREPARACIÓN: 5 minutos   TIEMPO DE COCCIÓN: 15 minutos

información nutricional por ración	1141 kcal, 76 g grasas, 44 g grasas sat., 5 g azúcares, 2 g sal

Este plato debe ser uno de los más fáciles de preparar y, sin duda, uno de los más exquisitos de degustar.

INGREDIENTES

350 g/12 oz de tallarines
2 cucharadas de aceite de oliva
1 diente de ajo picado
115 g/4 oz de salmón ahumado en tiras finas
55 g/3 tazas de rúcula
sal y pimienta

1. Ponga a hervir una olla de agua con un poco de sal. Eche la pasta y, contando a partir de que vuelva a romper el hervor, cuézala de 8 a 10 minutos, o hasta que esté al dente.

2. Poco antes de que la pasta esté hecha, caliente el aceite en una sartén de base gruesa. Sofría el ajo a fuego lento 1 minuto, sin dejar de remover. No deje que se dore demasiado o amargará.

3. Incorpore el salmón y la rúcula. Salpimiente y remueva sin parar 1 minuto más. Aparte la sartén del fuego.

4. Escurra la pasta y pásela a una fuente precalentada. Añádale el salmón y la rúcula, mézclelo con suavidad y sírvalo enseguida.

1

2

3

COMBINA CON
El pan de ajo es una
buena guarnición para
este plato, ya que
complementa los
delicados sabores
sin enmascararlos.

Penne con calamares y tomate

 4 RACIONES PREPARACIÓN: 15 minutos TIEMPO DE COCCIÓN: 30-35 minutos

información nutricional por ración	493 kcal, 19 g grasas, 3 g grasas sat., 8 g azúcares, 0,6 g sal

Pídale al pescadero que le limpie los calamares para preparar este plato rápido y fácil del sur de Italia.

INGREDIENTES

225 g/8 oz de plumas

350 g/12 oz de calamares limpios

6 cucharadas/$^1/_3$ de taza de aceite de oliva

2 cebollas en rodajas

225 ml/1 taza de caldo de pescado o de pollo

150 ml/$^2/_3$ de taza de vino tinto con cuerpo

400 g/14$^1/_2$ oz de tomate (jitomate) troceado de lata

2 cucharadas de concentrado de tomate (jitomate)

1 cucharada de mejorana picada

1 hoja de laurel, sal y pimienta

2 cucharadas de perejil picado, para adornar

1. Ponga a hervir agua con un poco de sal en una olla. Eche la pasta y, contando a partir de que vuelva a romper el hervor, cuézala 3 minutos. Después, escúrrala y resérvela. Corte el calamar en anillas finas con un cuchillo afilado.

2. Caliente el aceite en una cazuela. Sofría la cebolla a fuego lento, removiendo de vez en cuando, 5 minutos o hasta que esté tierna. Agregue el calamar y el caldo, llévelo a ebullición y déjelo cocer a fuego lento 3 minutos. Incorpore el vino, el tomate con su jugo, el concentrado, la mejorana y el laurel. Salpimiente. Llévelo de nuevo a ebullición y déjelo hervir unos 5 minutos, hasta que se haya reducido un poco.

3. Eche la pasta reservada en la cazuela y, contando a partir de que vuelva a romper el hervor, cuézala de 5 a 7 minutos, o hasta que esté al dente. Retire y deseche el laurel. Páselo a una fuente precalentada, adórnelo con el perejil y sírvalo enseguida.

1

2

2

COMBINA CON
Una sencilla
ensalada verde
condimentada con
hierbas aromáticas
será una refrescante
guarnición para
este plato rico y
sustancioso.

Ensalada de pasta con melón y gambas

 6 RACIONES 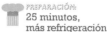 PREPARACIÓN: 25 minutos, más refrigeración   TIEMPO DE COCCIÓN: 10 minutos

información nutricional por ración : 334 kcal, 11 g grasas, 1,5 g grasas sat., 15 g azúcares, 1,2 g sal

Esta llamativa ensalada también incorpora sabores exquisitos, lo que la convierte en una magnífica opción para una ocasión especial.

INGREDIENTES

200 g/8 oz de espirales verdes

5 cucharadas/¹/₃ de taza de aceite de oliva virgen extra

450 g/1 lb de gambas (camarones) cocidas

1 melón cantaloupe y 1 melón galia

1 cucharada de vinagre de vino tinto

1 cucharadita de mostaza de Dijon y 1 pizca de azúcar

1 cucharada de perejil picado

1 cucharada de albahaca picada, y unas ramitas para adornar

1 lechuga hoja de roble, u otra lechuga de hoja suelta, troceada

sal y pimienta

1. Ponga a hervir una olla de agua con sal. Eche la pasta y, a partir de que vuelva a romper el hervor, cuézala de 8 a 10 minutos, hasta que esté al dente. Escúrrala, mézclala con 1 cucharada del aceite y déjela enfriar.

2. Mientras tanto, pele las gambas, quíteles el hilo intestinal y póngalas en una ensaladera. Parta los melones por la mitad y quíteles las semillas con una cuchara. Con un vaciador de melón o una cucharilla, extraiga bolitas de pulpa y páselas a la ensaladera con las gambas.

3. Para preparar el aliño, bata en un cuenco el resto del aceite con el vinagre, la mostaza, el azúcar, el perejil y la albahaca picada. Salpimiente. Añada la pasta fría a las gambas y el melón, y mézclelo con suavidad. Aliñe la ensalada y remueva de nuevo. Tape la ensalada con film transparente y refrigérela 30 minutos.

4. Forre una fuente de servicio con un lecho de lechuga. Disponga la ensalada de pasta encima, adórnela con albahaca y sírvala enseguida.

2

2

3

COMBINA CON
Para crear un contraste crujiente con la fruta madura y las gambas sabrosas, sirva la ensalada con palitos de pan con sésamo o semillas de amapola.

Canelones de salmón

 4 RACIONES   PREPARACIÓN: 15 minutos   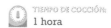 TIEMPO DE COCCIÓN: 1 hora

información nutricional por ración	487 kcal, 22 g grasas, 9 g grasas sat., 9 g azúcares, 0,6 g sal

Este plato atractivo y colorido es mucho más fácil de hacer de lo que parece, y la dedicación merece la pena.

INGREDIENTES

aceite vegetal, para pintar

8 placas de lasaña verde precocida

25 g/2 cucharadas de mantequilla

1 cebolla en rodajas

$^{1}/_{2}$ pimiento (ají, morrón) rojo sin las pepitas (semillas) y picado

1 calabacín (zapallito) en dados

1 cucharadita de jengibre picado

125 g/4 oz de setas (hongos) de ostra troceadas

225 g/8 oz de filetes de salmón sin la piel y troceados

2 cucharaditas de maicena

3 cucharadas de jerez seco

3 cucharadas de harina

425 ml/1$^{3}/_{4}$ tazas de leche

25 g/$^{1}/_{4}$ de taza de cheddar rallado

1 cucharada de pan recién rallado

sal y pimienta

1. Precaliente el horno a 200 °C (400 °F). Engrase una fuente refractaria. Ponga a hervir agua con un poco de sal en una olla. Eche la pasta y, contando a partir de que vuelva a romper el hervor, cuézala de 8 a 10 minutos, o hasta que esté al dente. Retire las placas de lasaña con unas pinzas y extiéndalas sobre un paño.

2. Mientras tanto, derrita la mitad de la mantequilla en una cazuela. Rehogue la cebolla a fuego lento, removiendo de vez en cuando, 5 minutos o hasta que se ablande. Añada el pimiento, el calabacín y el jengibre, y siga rehogando, removiendo, 10 minutos. Eche las setas y el salmón, caliéntelo 2 minutos y, a continuación, diluya la maicena en el jerez y échelo en la cazuela. Prosiga con la cocción otros 4 minutos, hasta que el pescado esté opaco y se desmenuce con facilidad. Salpimiente y aparte la cazuela del fuego.

3. Derrita el resto de la mantequilla en un cazo. Rehogue la harina, sin dejar de remover, 2 minutos. Incorpore la leche poco a poco y cueza la bechamel, sin dejar de remover, 10 minutos. Aparte el cazo del calor, incorpore la mitad del cheddar a la salsa y salpimiente.

4. Reparta el relleno de salmón entre uno de los lados cortos de las placas de lasaña. Enróllelas y disponga los canelones en la fuente. Nápelos con la bechamel y esparza el pan rallado y el resto del cheddar por encima. Cueza los canelones en el horno precalentado de 15 a 20 minutos, hasta que la bechamel se dore y borbotee. Sírvalos enseguida.

Espaguetis con atún y perejil

 4 RACIONES

PREPARACIÓN:
10 minutos

 TIEMPO DE COCCIÓN:
15 minutos

información nutricional por ración	1109 kcal, 70 g grasas, 21 g grasas sat., 5 g azúcares, 1,6 g sal

Este plato tan rico le sacará de más de un apuro cuando el tiempo apremie.

INGREDIENTES

500 g/1 lb de espaguetis

25 g/2 cucharadas de mantequilla

200 g/5 oz de atún al natural en conserva escurrido

55 g/2 oz de anchoas escurridas

250 ml/1¹/₄ tazas de aceite de oliva

1 buen manojo de perejil troceado

150 ml/²/₃ de taza de nata (crema) fresca espesa o nata (crema) agria

sal y pimienta

1. Ponga a hervir agua con un poco de sal en una olla. Eche la pasta y, contando a partir de que vuelva a romper el hervor, cuézala de 8 a 10 minutos, o hasta que esté al dente. Escúrrala y devuélvala a la olla. Mézclela bien con la mantequilla y resérvela caliente.

2. Desmenuce el atún con dos tenedores. Tritúrelo en el robot de cocina o la batidora junto con las anchoas, el aceite y el perejil hasta obtener una salsa homogénea. Añada la nata y accione el robot unos segundos más para incorporarla. Rectifique la sazón.

3. Agite la cazuela con los espaguetis a fuego medio hasta que estén bien calientes.

4. Mezcle los espaguetis con la salsa y sírvalos.

COMBINA CON
Una ensalada
verde, quizá con
judías verdes,
será una guar-
nición excelente
para este plato.

Linguine con gambas y vieiras

6 RACIONES   PREPARACIÓN: **15 minutos**   TIEMPO DE COCCIÓN: **25-30 minutos**

información nutricional por ración	514 kcal, 10 g grasas, 3 g grasas sat., 3 g azúcares, 0,8 g sal

Este plato espectacular de las regiones costeras del norte de Italia es un manjar para los amantes del marisco.

INGREDIENTES

450 g/1 lb de gambas (camarones)

25 g/2 cucharadas de mantequilla

2 chalotes (echalotes, escalonias) picados

225 ml/1 taza de vermut blanco seco

350 ml/1½ tazas de agua

450 g/1 lb de linguine

2 cucharadas de aceite de oliva

450 g/1 lb de vieiras limpias, descongeladas si fuera necesario

2 cucharadas de cebollino (cebollín) picado

sal y pimienta

1. Pele las gambas y quíteles el hilo intestinal; reserve las cáscaras. Derrita la mantequilla en una sartén de base gruesa. Rehogue el chalote a fuego lento, removiendo de vez en cuando, 5 minutos o hasta que se ablande. Añada las cáscaras de las gambas y rehóguelas 1 minuto removiendo constantemente. Vierta el vermut y siga removiendo 1 minuto más. Agregue el agua, llévelo a ebullición y, después, baje el fuego y cuézalo 10 minutos, o hasta que el caldo se haya reducido a la mitad. Aparte la sartén del fuego y reserve el caldo.

2. Ponga a hervir una olla de agua con un poco de sal. Eche la pasta y, contando a partir de que vuelva a romper el hervor, cuézala de 8 a 10 minutos, o hasta que esté al dente.

3. Mientras tanto, caliente el aceite en otra sartén de base gruesa. Rehogue las vieiras y las gambas 2 minutos, removiendo a menudo, hasta que las vieiras se tornen opacas y las gambas cambien de color. Cuele el caldo reservado sobre la sartén. Escurra la pasta y póngala en la sartén con el cebollino. Salpimiente. Caliéntelo 1 minuto a fuego lento, sin dejar de remover, y sírvalo.

1

1

3

COMBINA CON
Sírvalo con sali-
cornia ligeramente
hervida al vapor
y rehogada con
un poco de man-
tequilla derretida.

Espaguetis con atún

 4 RACIONES

PREPARACIÓN: 10 minutos

TIEMPO DE COCCIÓN: 15 minutos

información nutricional por ración	493 kcal, 8 g grasas, 1 g grasas sat., 8 g azúcares, 0,8 g sal

Este plato es un magnífico recurso para cuando le falte inspiración o sencillamente no le apetezca complicarse la vida en la cocina.

INGREDIENTES

350 g/12 oz de espaguetis

2 cucharadas de aceite de oliva

1 diente de ajo pelado y entero

1 cebolla picada

500 g/4 tomates (jitomates) picados

400 g/5 oz de atún al natural en conserva escurrido y desmenuzado

2 cucharadas de alcaparras enjuagadas (opcional)

2 cucharadas de perejil picado, o 1 cucharada de albahaca picada, o 1 pizca de orégano

sal y pimienta

1. Ponga a hervir una olla de agua con un poco de sal. Eche la pasta y, contando a partir de que vuelva a romper el hervor, cuézala de 8 a 10 minutos, o hasta que esté al dente.

2. Mientras tanto, caliente el aceite en una cazuela y fría el ajo. Cuando empiece a dorarse, retírelo y deséchelo. Sofría la cebolla y el tomate a fuego lento en la cazuela, removiendo de vez en cuando, 5 minutos.

3. Escurra la pasta y póngala en la cazuela con el sofrito. Añada el atún y, si lo desea, las alcaparras, y remueva a fuego lento unos minutos, hasta que se calienten. Aparte la cazuela del fuego, salpimiente, incorpore las hierbas y sírvalo enseguida.

1

2

3

RICO Y
DIFERENTE
Puede añadir otros
ingredientes, como
anchoas picadas o
aceitunas sin hueso
en rodajitas, según
lo que tenga en la
despensa.

Ensalada nizarda

 4-6 RACIONES

 PREPARACIÓN: 10 minutos

 TIEMPO DE COCCIÓN: 20-25 minutos

| información nutricional por ración | 405 kcal, 14 g grasas, 3 g grasas sat., 4 g azúcares, 1,2 g sal |

Los expertos no se ponen de acuerdo en si esta ensalada mediterránea debe llevar tomate, judías verdes o huevo duro, pero muchas versiones incluyen los tres ingredientes.

INGREDIENTES

350 g/12 oz de caracolas

2 filetes de atún de unos 2 cm/ ³/₄ in de grosor

aceite de oliva, para pintar

250 g/2 tazas de judías verdes (chauchas, ejotes) despuntadas

vinagreta al ajo envasada, al gusto

2 cogollos de lechuga, con las hojas separadas

3 huevos duros partidos por la mitad

2 tomates (jitomates) jugosos en cuñas

50 g/2 oz de filetes de anchoa en aceite escurridos

55 g/¹/₂ taza de aceitunas negras sin hueso

sal y pimienta

1. Ponga a hervir una olla de agua con un poco de sal. Eche la pasta y, contando a partir de que vuelva a romper el hervor, cuézala de 8 a 10 minutos, o hasta que esté al dente. Escúrrala y refrésquela bajo el chorro de agua fría.

2. Caliente una plancha estriada de hierro fundido a fuego fuerte. Pinte los filetes de atún con aceite por una cara y áselos a la plancha por este mismo lado 2 minutos.

3. Pinte los filetes por el otro lado con un poco más de aceite. Deles la vuelta y salpiméntelos. Áselos 2 minutos más si le gusta el pescado al punto o hasta 4 minutos si lo prefiere muy hecho. Déjelos enfriar.

4. Mientras tanto, ponga a hervir una olla de agua con un poco de sal. Eche las judías verdes y, contando a partir de que vuelva a romper el hervor, cuézalas 3 minutos. Escúrralas y páselas a una ensaladera. Alíñelas con vinagreta y remueva bien. Incorpore la pasta.

5. Para servir el plato, disponga en una fuente de servicio grande un lecho de hojas de lechuga. Saque las judías verdes y la pasta del bol con una espumadera, reservando la vinagreta que quede en el bol, y póngalas en el centro de la fuente. Parta el atún en trozos y repártalos por encima. Añada los huevos duros, el tomate, las anchoas y las aceitunas. Aliñe la ensalada con más vinagreta, si lo desea, y sírvala enseguida.

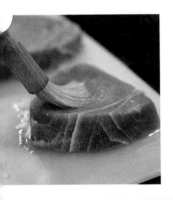

Sopa de vieiras con pasta

 **6 RACIONES**   **PREPARACIÓN:** 15 minutos   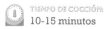 **TIEMPO DE COCCIÓN:** 10-15 minutos

información nutricional por ración	444 kcal, 15 g grasas, 8 g grasas sat., 5 g azúcares, 1,6 g sal

Si planifica una cena formal, con esta elegante sopa tendrá el entrante ideal.

INGREDIENTES

500 g/1 lb de vieiras desbulladas

350 ml/1½ tazas de leche

1,5 litros/6½ tazas de caldo de verduras

250 g/1²/₃ tazas de guisantes (arvejas) descongelados

175 g/6 oz de tallarines

70 g/5 cucharadas de mantequilla

2 cebolletas (cebollas tiernas o de verdeo) picadas

175 ml/³/₄ de taza de vino blanco seco

3 lonjas de jamón serrano troceadas, sal y pimienta

perejil picado, para adornar

pan, para acompañar

1. Parta las vieiras por la mitad a lo ancho y salpiméntelas.

2. Ponga a hervir la leche y el caldo con una pizca de sal en una cazuela. Eche los guisantes y la pasta y, contando a partir de que vuelva a romper el hervor, cuézalo de 8 a 10 minutos, o hasta que esté al dente.

3. Mientras tanto, derrita la mantequilla en una sartén. Rehogue la cebolleta a fuego lento 3 minutos, removiendo de vez en cuando. Añada las vieiras y rehóguelas 45 segundos por cada lado. Vierta el vino, añada el jamón y cuézalo 2 o 3 minutos.

4. Incorpore las vieiras a la sopa, rectifique la sazón y adórnela con perejil picado. Sirva la sopa enseguida, acompañada de pan.

1

2

3

COMBINA CON
Sirva esta sopa
con rebanadas
de pan tostado
frotado con ajo
y rociado con
aceite de oliva.

Sopa de mejillones con pasta

 4 RACIONES   PREPARACIÓN: 15 minutos   TIEMPO DE COCCIÓN: 35 minutos

información nutricional por ración	996 kcal, 75 g grasas, 41 g grasas sat., 4 g azúcares, 1,3 g sal

Esta sopa espesa y saciante está muy rica y es ideal para las comidas del fin de semana, acompañada de pan.

INGREDIENTES

750 g/1¹/₂ lb de mejillones limpios

2 cucharadas de aceite de oliva

115 g/1 barra de mantequilla

55 g/2 oz de beicon (tocino, panceta) en tiras

1 cebolla picada

2 dientes de ajo picados

55 g/¹/₃ de taza de harina

3 patatas (papas) en rodajas finas

115 g/4 oz de lacitos

300 ml/1¹/₄ tazas de nata (crema) extragrasa

1 cucharada de zumo (jugo) de limón

2 yemas de huevo

sal y pimienta

2 cucharadas de perejil picado, para adornar

1. Deseche los mejillones que estén rotos o los que no se cierren al darles un golpecito seco. Ponga agua a hervir en una cazuela de base gruesa. Eche los mejillones y el aceite y sazone con pimienta. Tape la cazuela herméticamente y cueza los mejillones al vapor 5 minutos a fuego fuerte, o hasta que se abran. Retírelos con una espumadera, desechando los que sigan cerrados. Pase el caldo de los mejillones por un colador forrado con muselina y reserve 1,2 litros (5 tazas).

2. Derrita la mantequilla en una cazuela. Sofría el beicon, la cebolla y el ajo a fuego lento, removiendo de vez en cuando, 5 minutos. Incorpore la harina y rehóguela 1 minuto sin dejar de remover. Reserve 2 cucharadas del caldo de los mejillones e incorpore el resto poco a poco al sofrito. Lleve la sopa a ebullición sin dejar de remover. Añada la patata y cuézalo 5 minutos más. Eche la pasta y prosiga con la cocción otros 10 minutos.

3. Incorpore la nata y el zumo de limón a la sopa, y salpiméntela. Añada los mejillones. Mezcle las yemas de huevo con el caldo reservado de los mejillones, añádalo a la sopa y cuézala 4 minutos, hasta que se espese.

4. Reparta la sopa entre 4 cuencos precalentados, adórnela con el perejil picado y sírvala enseguida.

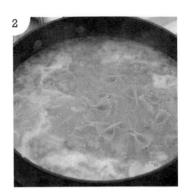

Salsa de tomate *98*

Pesto *100*

Salsa de ajo asado a las hierbas *102*

Salsa de mantequilla *104*

Salsa de limón al estragón *106*

Salsa criolla *108*

Salsa cuatro quesos *110*

Salsa de vino tinto *112*

Salsa de tomates secos *114*

Salsa de setas *116*

Salsa arrabiata *118*

Salsa de chipotle *120*

Salsa de marisco *122*

Salsa de vino blanco *124*

Salsas

Salsa de tomate

información nutricional por ración	124 kcal, 11 g grasas, 4 g grasas sat., 5 g azúcares, 0,2 g sal

Sin duda, la salsa favorita de Italia para servir con pasta y muchos otros ingredientes.

INGREDIENTES

25 g/2 cucharadas de mantequilla

2 cucharadas de aceite de oliva

1 cebolla, 1 diente de ajo y 1 rama de apio, picados

400 g/14¹/₂ oz de tomate (jitomate) troceado de lata u 8 tomates (jitomates) pera pelados, sin las pepitas (semillas) y picados

2 cucharadas de concentrado de tomate (jitomate)

azúcar moreno, al gusto

1 cucharada de hierbas aromáticas frescas picadas o 1-2 cucharaditas de hierbas secas y 1-2 hojas de laurel

100 ml/¹/₂ taza de agua

sal y pimienta

1. En una cazuela, derrita la mantequilla con el aceite de oliva. Sofría la cebolla, el ajo y el apio a fuego lento, removiendo de vez en cuando, 5 minutos o hasta que se ablanden.

2. Incorpore el tomate, el concentrado, azúcar al gusto, las hierbas y el agua. Salpimiente.

3. Lleve la salsa a ebullición a temperatura moderada y, después, baje el fuego y cuézala, removiendo a menudo, de 15 a 20 minutos, hasta que se espese. Sírvala a su gusto.

1

2

3

COMBINA CON
Una salsa muy versátil que se presta a todo tipo de pasta, sobre todo estriada y rizada, y está igual de rica al horno con raviolis.

Pesto

información nutricional por ración	144 kcal, 13,5 g grasas, 3,5 g grasas sat., 0,3 g azúcares, 0,2 g sal

El pesto está delicioso con pasta, sopas y aliños para ensalada.
Lo encontrará en la mayoría de los supermercados, pero el casero
tiene un sabor más fresco y concentrado.

INGREDIENTES

40 hojas de albahaca
3 dientes de ajo majados
3 cucharadas de piñones
50 g/½ taza de parmesano bien rallado
2-3 cucharadas de aceite de oliva virgen extra
sal y pimienta

1. Lave las hojas de albahaca y séquelas con papel de cocina. Tritúrelas en el robot de cocina junto con los ajos, los piñones y el parmesano 30 segundos. Si lo prefiere, maje todos los ingredientes en el mortero.

2. Si utiliza el robot de cocina, mantenga el motor en marcha y vaya añadiendo el aceite poco a poco. Si hace el pesto a mano, añádalo gota a gota mientras remueve vigorosamente. Salpimiente. Sírvalo a su gusto.

1

1

2

CONSEJO
Puede prepararlo
un día antes y
guardarlo en el
frigorífico hasta
el momento de
cocer la pasta.

Salsa de ajo asado a las hierbas

 4 RACIONES   PREPARACIÓN: 10 minutos   TIEMPO DE COCCIÓN: 35-40 minutos

información nutricional por ración	72 kcal, 5 g grasas, 2 g grasas sat., 1 g azúcares, trazas de sal

El ajo asado adquiere un sabor exquisitamente suave y una textura delicada.

INGREDIENTES

1 cabeza de ajos

1 cucharada de aceite de oliva

2 manojos de hierbas aromáticas variadas, como perejil, albahaca, tomillo y salvia, sin los tallos más gruesos

3-4 cucharadas/¹/₄ de taza de nata (crema) agria

sal y pimienta

1. Precaliente el horno a 200 °C (400 °F). Pele la capa externa de la cabeza de ajos pero deje intactos los dientes. Con un cuchillo afilado, rebane la parte superior de la cabeza de 5 a 10 mm (¹/₄-¹/₂ in) de modo que queden expuestos los dientes.

2. Ponga la cabeza de ajos en un cuenco refractario y rocíela con el aceite. Tápela con papel de aluminio y ásela en el horno precalentado de 35 a 40 minutos, hasta que los ajos estén tiernos.

3. Sáquela del horno y déjela enfriar. Cuando pueda manipular los dientes de ajo, apriételos para extraer la pulpa y pásela al robot de cocina o la batidora. Tritúrela junto con las hierbas y la nata hasta obtener una salsa homogénea. Si fuera necesario, recaliéntela a fuego lento sin dejar que hierva. Salpimente la salsa y sírvala a su gusto.

1

2

3

CONSEJO

En el mercado encontrará asadores de ajos de terracota, que constan de una base y una tapa acampanada. Si lo prefiere, ase las cabezas de ajo rociadas con aceite y envueltas en papel de aluminio.

Salsa de mantequilla

 4 RACIONES

 PREPARACIÓN:
10 minutos

 TIEMPO DE COCCIÓN:
15 minutos

información nutricional por ración	562 kcal, 26 g grasas, 15 g grasas sat., 2 g azúcares, 0,5 g sal

Deliciosa y muy rápida de preparar, esta salsa es perfecta para la pasta larga, como los linguine. Ideal para una comida familiar entre semana.

INGREDIENTES

400 g/1 lb de pasta larga
115 g/1 barra de mantequilla
8 hojas de salvia picadas
8 hojas de albahaca picadas
½ manojo de perejil picado
6 ramitas de tomillo fresco picadas
1 puñado de cebollino (cebollín) troceado
sal y pimienta
parmesano recién rallado, para acompañar

1. Ponga a hervir una olla de agua con un poco de sal. Eche la pasta y, contando a partir de que vuelva a romper el hervor, cuézala de 8 a 10 minutos, o hasta que esté al dente.

2. Poco antes de que la pasta esté cocida, derrita la mantequilla a fuego lento en un cazo. Escurra la pasta, devuélvala a la olla y vierta la mantequilla derretida por encima. Añada las hierbas, salpimiente y remueva hasta que quede bien mezclado.

3. Reparta la pasta entre 4 platos precalentados y sírvala enseguida, con parmesano rallado aparte.

RICO Y
DIFERENTE
Utilice otras hierbas
aromáticas para darle
su toque personal a la
salsa, pero sea pru-
dente con las de sabor
intenso, como el estra-
gón y la mejorana.

Salsa de limón al estragón

 4 RACIONES

 PREPARACIÓN:
5 minutos

 TIEMPO DE COCCIÓN:
Ninguno

| información nutricional por ración | 200 kcal, 12 g grasas, 2 g grasas sat., 0,5 g azúcares, trazas de sal |

La acidez del limón y el punto anisado del estragón forman una salsa muy refrescante.

INGREDIENTES

1 manojito de estragón
el zumo (jugo) de ½ limón
la ralladura de 1 limón
4 cucharadas/¼ de taza
de aceite de oliva
2 dientes de ajo troceados
4 ramitas de perejil
1 manojo de cebollino (cebollín)
sal

1. Separe las hojas del estragón.

2. Tritúrelas en el robot de cocina o la batidora junto con el zumo y la ralladura de limón, el aceite, el ajo, el perejil, el cebollino y una buena pizca de sal hasta obtener una salsa homogénea. Sírvala a su gusto.

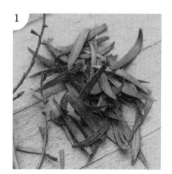

RICO Y DIFERENTE

Si prefiere una salsa más dulce, sustituya el zumo y la ralladura de limón por 2 cucharadas de zumo de naranja y la ralladura de 1/2 naranja.

Salsa criolla

 4 RACIONES

 PREPARACIÓN:
15 minutos

 TIEMPO DE COCCIÓN:
35-40 minutos

información nutricional por ración	127 kcal, 6,5 g grasas, 1 g grasas sat., 10 g azúcares, 0,2 g sal

Disfrute del sabor del sur profundo de Estados Unidos con esta salsa especiada a la que el quingombó le confiere un aroma muy característico y una consistencia espesa.

INGREDIENTES

2 cucharadas de aceite de girasol

1 pimiento (ají, morrón) rojo y 1 verde sin las pepitas (semillas) y en tiras finas

1 cebolla en rodajas finas

2-3 dientes de ajo majados

1 guindilla (chile, ají picante) roja fresca sin las pepitas (semillas) y picada

1 cucharadita de cilantro molido

1 cucharadita de comino molido

450 g/4 tomates (jitomates) maduros pelados y picados

300 ml/1¹/₄ tazas de caldo de verduras

115 g/10 vainas de quingombó (gumbo, okra, ají turco) despuntadas y picadas

1 cucharada de cilantro picado

sal y pimienta

1. Caliente el aceite en una cazuela de base gruesa y rehogue el pimiento, la cebolla, el ajo y la guindilla, removiendo a menudo, 3 minutos. Eche el cilantro y el comino y siga rehogando 3 minutos más.

2. Incorpore el tomate y el caldo y llévelo a ebullición. Baje el fuego y deje cocer la salsa, removiendo de vez en cuando, 15 minutos o hasta que empiece a reducirse.

3. Añada el quingombó picado a la salsa, salpimiente y cuézala de 10 a 15 minutos más, o hasta que se espese. Incorpore el cilantro y sírvala a su gusto.

Salsa cuatro quesos

 4 RACIONES

 PREPARACIÓN:
10 minutos

 TIEMPO DE COCCIÓN:
8-10 minutos

información nutricional por ración	879 kcal, 44 g grasas, 27 g grasas sat., 2,5 g azúcares, 2,5 g sal

En realidad esta salsa se prepara directamente en la fuente de servicio que contiene la pasta recién cocida, y seguramente sea una de las más rápidas de hacer.

INGREDIENTES

450 g/1 lb de tallarines

55 g/4 cucharadas de mantequilla

100 g/²⁄₃ de taza de gorgonzola u otro queso azul desmenuzado

100 g/8 oz de fontina en tiras finas

100 g/8 oz de gruyer en tiras finas

100 g/8 oz de parmesano en tiras finas

sal

1. Ponga a hervir una olla de agua con un poco de sal. Eche la pasta y, contando a partir de que vuelva a romper el hervor, cuézala de 8 a 10 minutos, o hasta que esté al dente.

2. Mientras tanto, ponga la mantequilla en un bol refractario encajado en la boca de un cazo con agua hirviendo a fuego lento, sin que llegue a tocarla. Cuando se haya derretido, siga calentándola pero sin que llegue a hervir.

3. Escurra la pasta y pásela a una fuente de servicio precalentada. Esparza los quesos por encima y vierta la mantequilla caliente. Mézclelo con suavidad y sírvalo enseguida.

1

2

3

RICO Y
DIFERENTE
Si prefiere un sabor
más sutil, sustituya
el gorgonzola por
provolone.

Salsa de vino tinto

 4 RACIONES

 PREPARACIÓN:
10 minutos

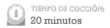 TIEMPO DE COCCIÓN:
20 minutos

información nutricional
por ración | 240 kcal, 20 g grasas, 10 g grasas sat., 2,5 g azúcares, 0,6 g sal

Aunque las setas suelen cocerse con vino blanco, en esta salsa el contundente sabor de las setas silvestres combina de maravilla con el vino tinto.

INGREDIENTES

70 g/¾ de barra de mantequilla

350 g/12 oz de setas (hongos) silvestres variadas, partidas por la mitad o en cuartos si fueran grandes

2 dientes de ajo picados

1 cucharada de aceite de oliva

4 cucharadas/¼ de taza de concentrado de tomate (jitomate)

250 ml/1 taza de vino tinto con cuerpo

50 g/½ taza de aceitunas negras sin hueso y partidas por la mitad

1 cucharada de perejil picado

sal y pimienta

1. Derrita 25 g (2 cucharadas) de la mantequilla en una sartén, añada las setas y un poco de sal y rehóguelas a fuego fuerte, removiendo de vez en cuando, 2 minutos.

2. Baje el fuego, incorpore el ajo y el aceite y siga rehogando 2 minutos más. Después, incorpore el concentrado de tomate y prosiga con la cocción otros 2 minutos.

3. Vierta el vino y déjelo al fuego unos 5 minutos, hasta que se evapore el alcohol. Mientras tanto, corte el resto de la mantequilla en dados. Incorpórelos a la salsa, uno a uno, y vaya girando la sartén hasta que se derrita. Añada las aceitunas, salpimiente y aparte la sartén del fuego. Adorne la salsa con el perejil picado y sírvala a su gusto.

Salsa de tomates secos

 4 RACIONES

 PREPARACIÓN:
10 minutos

 TIEMPO DE COCCIÓN:
15-20 minutos

información nutricional por ración	600 kcal, 18 g grasas, 1,5 g grasas sat., 13 g azúcares, 0,2 g sal

Los tomates secos confieren a esta salsa casi instantánea un intenso dulzor.

INGREDIENTES

3 cucharadas de aceite de oliva

2 cebollas grandes en rodajas

2 ramas de apio en rodajitas

2 dientes de ajo picados

400 g/14¹/₂ oz de tomate (jitomate) troceado de lata

125 g/1 taza de tomates (jitomates) secos en aceite escurridos y picados

2 cucharadas de concentrado de tomate (jitomate)

1 cucharada de azúcar moreno

unos 150 ml/²/₃ de taza de vino blanco o agua

sal y pimienta

1. Caliente el aceite en una sartén. Rehogue la cebolla y el apio hasta que estén translúcidos. Añada el ajo y siga rehogando 1 minuto más.

2. Incorpore el tomate, el concentrado, el azúcar y el vino, y salpimiente. Lleve la salsa a ebullición y cuézala 10 minutos. Sírvala a su gusto.

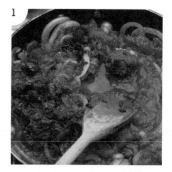

COMBINA CON
Utilice esta sabrosa
salsa en una lasaña
de carne o de ver-
duras, o sírvala con
una contundente pasta
rellena de carne.

Salsa de setas

 4 RACIONES

 PREPARACIÓN:
10 minutos

 TIEMPO DE COCCIÓN:
20 minutos

información nutricional por ración	746 kcal, 43 g grasas, 20 g grasas sat., 5 g azúcares, 0,3 g sal

Esta deliciosa salsa para pasta lleva tomates secos y champiñones. La nata extragrasa y el oporto la hacen aún más sabrosa.

INGREDIENTES

55 g/4 cucharadas de mantequilla

1 cucharada de aceite de oliva

6 chalotes (echalotes) en rodajas

450 g/1 lb de champiñones oscuros en láminas

1 cucharadita de harina

150 ml/²/₃ de taza de nata (crema) extragrasa

2 cucharadas de oporto

115 g/³/₄ de taza de tomates (jitomates) secos en aceite, escurridos y picados

1 pizca de nuez moscada recién rallada

sal y pimienta

1. Derrita la mantequilla con el aceite en una sartén grande de base gruesa. Rehogue el chalote a fuego lento, removiendo de vez en cuando, 4 o 5 minutos, hasta que se ablande. Eche los champiñones y siga rehogando 2 minutos más. Salpimiente, espolvoree la harina y remueva 1 minuto.

2. Aparte la sartén del fuego e incorpore la nata y el oporto poco a poco. Devuelva la sartén al fuego, agregue los tomates y la nuez moscada, y prosiga con la cocción unos 8 minutos, removiendo de vez en cuando. Sirva la salsa a su gusto.

1

1

2

Salsa arrabiata

 4 RACIONES

 PREPARACIÓN:
15 minutos

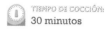 TIEMPO DE COCCIÓN:
30 minutos

información nutricional por ración	518 kcal, 16 g grasas, 2,5 g grasas sat., 6 g azúcares, trazas de sal

Sirva esta salsa picante de tomate con plumas o espaguetis. Al contrario que muchas otras salsas de tomate y platos de pasta, la arrabiata no suele servirse con parmesano rallado.

INGREDIENTES

150 ml/²/₃ de taza de vino blanco seco

1 cucharada de concentrado de tomate (jitomate)

2 guindillas (chiles, ajís picantes) rojas frescas sin las pepitas (semillas) y picadas

2 dientes de ajo picados

4 cucharadas/¹/₄ de taza de perejil picado

sal y pimienta

85 g/3 oz de virutas de pecorino

salsa de tomate

5 cucharadas/¹/₃ de taza de aceite de oliva virgen extra

450 g/8 tomates (jitomates) pera picados

sal y pimienta

1. Para preparar la salsa de tomate, caliente el aceite a fuego fuerte en una sartén casi hasta que humee. Sofría el tomate, removiendo a menudo, 2 o 3 minutos.

2. Baje el fuego al mínimo y cueza la salsa 20 minutos, o hasta que esté bien homogénea. Salpimiente. Presiónela a través de un colador que no sea metálico sobre un cazo.

3. Añada el vino, el concentrado de tomate, la guindilla y el ajo, y llévelo todo a ebullición. Baje el fuego y déjelo cocer despacio. Rectifique la sazón e incorpore el perejil y el queso. Sirva la salsa a su gusto.

Salsa de chipotle

4 RACIONES

PREPARACIÓN:
15 minutos,
más remojo

TIEMPO DE COCCIÓN:
15 minutos

información nutricional
por ración   166 kcal, 16 g grasas, 1 g grasas sat., 3 g azúcares, trazas de sal

Al ahumarlos para obtener chipotles, los jalapeños adquieren una deliciosa intensidad de sabor, aunque no pierden su punto picante.

INGREDIENTES

2 chiles anchos sin las pepitas
(semillas)
1 pimiento (ají, morrón) rojo
1-2 chipotles o jalapeños
escurridos
5 cucharadas/¹/₃ de taza
de piñones
el zumo (jugo) de ¹/₂ lima (limón)
2 dientes de ajo troceados
1 cucharada de aceite de oliva
sal

1. Precaliente el gratinador. Mientras tanto, ponga los chiles anchos en un bol, cúbralos con agua caliente y déjelos 30 minutos en remojo.

2. Ponga el pimiento en la bandeja del horno y áselo bajo el gratinador precalentado 15 minutos, dándole la vuelta de vez en cuando, hasta que esté bien chamuscado. Sáquelo con unas pinzas, métalo en una bolsa de plástico, anúdela y deje que se enfríe.

3. Escurra los chiles, reservando 1 cucharada del líquido de remojo. Pele el pimiento, retírele las pepitas y trocéelo.

4. Triture los chiles, el líquido reservado, el pimiento, los chipotles, los piñones, 1 cucharada del zumo de lima y el ajo en el robot de cocina o la batidora hasta obtener una pasta. Con el motor a la potencia mínima, incorpore poco a poco el aceite. Si la salsa quedara demasiado espesa, añádale un poco más de zumo de lima y vuelva a poner el robot en marcha para incorporarlo. Sale la salsa y sírvala a su gusto.

1
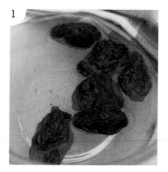

2

4

CONGELACIÓN
Congele la salsa en un recipiente hermético hasta un par de semanas como máximo.

Salsa de marisco

 4 RACIONES

 PREPARACIÓN:
10 minutos

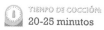 TIEMPO DE COCCIÓN:
20-25 minutos

información nutricional por ración	232 kcal, 10 g grasas, 2 g grasas sat., 0,2 g azúcares, 0,9 g sal

Una magnífica salsa para pasta para compartir en una cena informal, ya que es muy rápida y fácil de preparar.

INGREDIENTES

675 g/1½ lb de almejas frescas
o 280 g/10 oz de almejas en
conserva escurridas

2 cucharadas de aceite de oliva

2 dientes de ajo picados

400 g/14 oz de marisco variado,
como gambas (camarones),
calamares y mejillones,
descongelado si fuera
necesario

150 ml/²/₃ de taza de vino blanco

150 ml/²/₃ de taza de caldo
de pescado

2 cucharadas de estragón picado

sal y pimienta

1. Si utiliza almejas frescas, frótelas para limpiarlas bien y deseche las que no se cierren.

2. Caliente el aceite en una sartén grande. Rehogue el ajo y las almejas 2 minutos, sacudiendo la sartén para que las almejas se impregnen bien del aceite. Añada el resto del marisco y siga rehogando 2 minutos más.

3. Vierta el vino y el caldo en la sartén y lleve la salsa a ebullición. Tápela, baje el fuego y cuézala de 8 a 10 minutos, hasta que las valvas se abran. Deseche las almejas que sigan cerradas.

4. Incorpore el estragón a la salsa y salpimiente. Sírvala a su gusto.

Salsa de vino blanco

 4 RACIONES

 PREPARACIÓN:
10 minutos

 TIEMPO DE COCCIÓN:
25-30 minutos

información nutricional por ración	844 kcal, 77 g grasas, 48 g grasas sat., 4,5 g azúcares, 1,2 g sal

Esta salsa rica y cremosa le va bien a la pasta rellena, como los raviolis. Para potenciar el sabor, elija un caldo acorde con el relleno.

INGREDIENTES

1 cebolla picada

400 ml/5 tazas de vino blanco seco

1 litro/10½ tazas de caldo de verduras, de pollo o de pescado

400 ml/5 tazas de nata (crema) extragrasa

345 g/3 barras de mantequilla

1 puñado de perejil picado

sal y pimienta

1. Ponga la cebolla en una cazuela, vierta el vino, llévelo a ebullición y cuézalo a fuego fuerte 10 minutos, hasta que el vino se evapore casi del todo.

2. Vierta el caldo, deje que rompa de nuevo el hervor y cuézalo de 10 a 15 minutos, hasta que el líquido se reduzca a dos tercios.

3. Incorpore la nata y prosiga con la cocción 5 minutos más. Después, incorpore la mantequilla a trocitos. Adorne la salsa con el perejil, salpiméntela y sírvala a su gusto.

2

3

3

RICO Y DIFERENTE

Utilice las hierbas aromáticas más adecuadas al relleno: por ejemplo, perifollo o estragón si es de pollo o una combinación de las hierbas de su elección.

Índice analítico

aceite de oliva
  Espaguetis con ajo y aceite 22
  Pesto 100
  Salsa arrabiata 118
  Salsa de limón al estragón 106
aceitunas
  Canelones de setas 30
  Ensalada de pasta con tomate, aceitunas
    y mozzarella 10
  Ensalada nizarda 90
  Pasta con pez espada a la siciliana 72
  Salsa de vino tinto 112
adobo 46
ajo
  Espaguetis con ajo y aceite 22
  Espaguetis con carne en salmuera 50
  Pesto 100
  Plumas con salchichas 58
  Salsa criolla 108
  Salsa de ajo asado a las hierbas 102
  Salsa de limón al estragón 106
  Salsa de tomates secos 114
  Salsa de vino tinto 112
albahaca
  Ensalada de pasta con melón y gambas 80
  Ensalada de pasta con tomate, aceitunas
    y mozzarella 10
  Pasta con pez espada a la siciliana 72
  Pesto 100
  Salsa de mantequilla 104
alcaparras
  Espaguetis con atún 88
  Pasta con pez espada a la siciliana 72
almejas
  Linguine con almejas en salsa de tomate 74
  Salsa de marisco 122
almendras
  Canelones de setas 30
alubias
  Potaje de alubias y espinacas 32
anchoas
  Ensalada nizarda 90
  Espaguetis con atún y perejil 84

atún
  Ensalada nizarda 90
  Espaguetis con atún 88
  Espaguetis con atún y perejil 84
  Pasta con atún al horno 68

bacalao
  Espaguetis con bacalao 70
bechamel 28
beicon
  Espaguetis con beicon y pan crujiente 54
  Orecchiette con beicon y tomate 62
  Sopa de mejillones con pasta 94
brócoli
  Lazos con pollo y brócoli 44
  Pasta con brócoli a la guindilla 20
buey
  Espaguetis a la boloñesa 38
  Espaguetis con carne en salmuera 50
  Lasaña de carne 42
  Pasta con hamburguesas 52

calabacín
  Canelones de salmón 82
calabaza
  Pasta con puerro y calabaza 28
calamares
  Penne con calamares y tomate 78
  Salsa de marisco 122
canelones
  Canelones de espinacas y ricota 12
  Canelones de setas 30
caracolas
  Ensalada de pasta con tomate, aceitunas
    y mozzarella 10
  Ensalada nizarda 90
  Pasta con hamburguesas 52
cebollas
  Canelones de salmón 82
  Espaguetis con atún 88
  Espaguetis con carne en salmuera 50
  Pasta con chorizo 48
  Penne con calamares y tomate 78

Plumas con salchichas 58
  Salsa criolla 108
  Salsa de tomate 98
  Salsa de tomates secos 114
  Salsa de vino blanco 124
  Sopa de mejillones con pasta 94
cebolleta
  Sopa de vieiras con pasta 92
cebollino
  Linguine con gambas y vieiras 86
  Salsa de limón al estragón 106
  Salsa de mantequilla 104
cilantro
  Pasta con puerro y calabaza 28
  Salsa criolla 108
crema de champiñones en conserva
  Pasta con atún al horno 68

Ensalada nizarda 90
espaguetis
  Espaguetis a la boloñesa 38
  Espaguetis a la carbonara 60
  Espaguetis con ajo y aceite 22
  Espaguetis con atún 88
  Espaguetis con atún y perejil 84
  Espaguetis con bacalao 70
  Espaguetis con beicon y pan
    crujiente 54
  Espaguetis con carne en salmuera 50
  Espaguetis con pollo y pimiento 46
  Pasta con harissa y albóndigas
    de pavo 56
  Pasta con pez espada a la siciliana 72
espárragos
  Plumas con espárragos y queso azul 16
espinacas
  Canelones de espinacas y ricota 12
  Potaje de alubias y espinacas 32
espirales
  Ensalada de pasta con melón y gambas 80
estragón
  Salsa de limón al estragón 106
  Salsa de marisco 122

gambas
  Ensalada de pasta con melón y gambas 80
  Linguine con gambas y vieiras 86

Salsa de marisco 122

guindilla
Linguine con almejas en salsa
de tomate 74
Pasta con brócoli a la guindilla 20
Pasta con hamburguesas 52
Pasta con harissa y albóndigas de pavo 56
Salsa arrabiata 118
Salsa criolla 108
Salsa de chipotle 120
Ziti con rúcula 24
guisantes
Pasta con pollo a la crema 64
Sopa de vieiras con pasta 92

harissa
Pasta con harissa y albóndigas de pavo 56
hierbas aromáticas
Salsa de ajo asado a las hierbas 102
Salsa de tomate 98
huevos
Ensalada nizarda 90
Espaguetis a la carbonara 60
Lasaña de carne 42
Pasta con harissa y albóndigas de pavo 56
Sopa de mejillones con pasta 94

jamón serrano
Sopa de vieiras con pasta 92

lasaña
Canelones de salmón 82
Lasaña de carne 42
Lasaña picante de hortalizas 26
Lasaña picante de hortalizas 26
lazos
Lazos con pollo y brócoli 44
Pasta con puerro y calabaza 28
Potaje de alubias y espinacas 32
Sopa de mejillones con pasta 94
lechuga
Ensalada de pasta con melón y gambas 80
lima
Salsa de chipotle 120
linguine
Linguine con almejas en salsa
de tomate 74

Linguine con gambas y vieiras 86
Pasta con pez espada a la siciliana 72

macarrones
Macarrones a los dos quesos 8
Pasta con brócoli a la guindilla 20
Pasta con pavo al horno 40
mantequilla
Salsa cuatro quesos 110
Salsa de mantequilla 104
Salsa de setas 116
Salsa de vino blanco 124
mejillones
Salsa de marisco 122
Sopa de mejillones con pasta 94
melón
Ensalada de pasta con melón y gambas 80

nata
Espaguetis a la carbonara 60
Pasta con pollo a la crema 64
Salsa de ajo asado a las hierbas 102
Salsa de setas 116
Salsa de vino blanco 124
Sopa de mejillones con pasta 94
nata fresca espesa
Espaguetis con atún y perejil 84

orecchiette
Orecchiette con beicon y tomate 62
Orecchiette con beicon y tomate 62
orégano
Orecchiette con beicon y tomate 62
Plumas con salchichas 58

pan
Espaguetis con beicon y pan
crujiente 54
Pasta con atún al horno 68
Pasta con pavo al horno 40
panceta
Espaguetis a la carbonara 60
Lasaña de carne 42
pappardelle
Pappardelle con tomates cherry, rúcula
y mozzarella 34

Pasta con chorizo 48
Pasta con hamburguesas 52
Pasta con pez espada a la siciliana 72
pasta larga
Salsa de mantequilla 104
patatas
Sopa de mejillones con pasta 94
pavo
Pasta con harissa y albóndigas de pavo 56
Pasta con pavo al horno 40
perejil
Ensalada de pasta con melón y gambas 80
Espaguetis con ajo y aceite 22
Espaguetis con atún 88
Espaguetis con atún y perejil 84
Linguine con almejas en salsa
de tomate 74
Salsa arrabiata 118
Salsa de limón al estragón 106
Salsa de mantequilla 104
Salsa de vino blanco 124
Sopa de vieiras con pasta 92
Pesto 100
pez espada
Pasta con pez espada a la siciliana 72
pimientos
Canelones de salmón 82
Espaguetis con pollo y pimiento 46
Lasaña picante de hortalizas 26
Lazos con pollo y brócoli 44
Pasta con atún al horno 68
Pasta con chorizo 48
Salsa criolla 108
piñones
Canelones de setas 30
Ensalada de pasta con tomate, aceitunas
y mozzarella 10
Espaguetis con beicon y pan crujiente 54
Pesto 100
Salsa de chipotle 120
plumas
Pasta con brócoli a la guindilla 20
Pasta con chorizo 48
Pasta con pollo a la crema 64
Penne con calamares y tomate 78
Plumas con espárragos y queso azul 16

Plumas con salchichas 58

pollo

Espaguetis con pollo y pimiento 46

Lazos con pollo y brócoli 44

Pasta con pollo a la crema 64

Potaje de alubias y espinacas 32

puerros

Pasta con puerro y calabaza 28

queso

Canelones de espinacas y ricota 12

Canelones de salmón 82

Canelones de setas 30

Ensalada de pasta con tomate, aceitunas
y mozzarella 10

Espaguetis a la carbonara 60

Lasaña de carne 42

Macarrones a los dos quesos 8

Orecchiette con beicon y tomate 62

Pappardelle con tomates cherry, rúcula
y mozzarella 34

Pasta con atún al horno 68

Pasta con hamburguesas 52

Pasta con pavo al horno 40

Pesto 100

Plumas con espárragos y queso azul 16

Potaje de alubias y espinacas 32

Salsa arrabiata 118

Salsa cuatro quesos 110

Salsa de mantequilla 104

Ziti con rúcula 24

quingombó

Salsa criolla 108

raviolis

Raviolis de calabaza 18

Raviolis de calabaza 18

rúcula

Pappardelle con tomates cherry, rúcula
y mozzarella 34

Tallarines con salmón ahumado
y rúcula 76

Ziti con rúcula 24

salchichas

Lasaña de carne 42

Pasta con chorizo 48

Plumas con salchichas 58

salmón

Canelones de salmón 82

Tallarines con salmón ahumado y rúcula 76

Salsa arrabiata 118

Salsa criolla 108

Salsa cuatro quesos 110

Salsa de ajo asado a las hierbas 102

salsa de carne 38

Salsa de chipotle 120

Salsa de limón al estragón 106

Salsa de mantequilla 104

Salsa de marisco 122

salsa de tomate 118

Salsa de tomate 98

Salsa de tomates secos 114

Salsa de vino blanco 124

Salsa de vino tinto 112

salvia

Salsa de mantequilla 104

setas

Canelones de salmón 82

Canelones de setas 30

Espaguetis a la boloñesa 38

Lasaña picante de hortalizas 26

Salsa de setas 116

Salsa de vino tinto 112

sopa

Potaje de alubias y espinacas 32

Sopa de mejillones con pasta 94

Sopa de tomate con pasta 14

Sopa de vieiras con pasta 92

Sopa de tomate con pasta 14

tallarines

Pasta con atún al horno 68

Pasta con harissa y albóndigas de pavo 56

Salsa cuatro quesos 110

Salsa de tomates secos 114

Sopa de vieiras con pasta 92

Tallarines con salmón ahumado y rúcula 76

tomates

Ensalada de pasta con tomate, aceitunas
y mozzarella 10

Espaguetis a la boloñesa 38

Espaguetis con atún 88

Espaguetis con bacalao 70

Espaguetis con carne en salmuera 50

Espaguetis con pollo y pimiento 46

Linguine con almejas en salsa de tomate 74

Macarrones a los dos quesos 8

Orecchiette con beicon y tomate 62

Pappardelle con tomates cherry, rúcula
y mozzarella 34

Pasta con brócoli a la guindilla 20

Pasta con chorizo 48

Pasta con hamburguesas 52

Pasta con harissa y albóndigas de pavo 56

Penne con calamares y tomate 78

Plumas con salchichas 58

Potaje de alubias y espinacas 32

Salsa arrabiata 118

Salsa criolla 108

Salsa de setas 116

Salsa de tomate 98

Salsa de tomates secos 114

Sopa de tomate con pasta 14

tomillo

Salsa de mantequilla 104

verduras y hortalizas

Lasaña picante de hortalizas 26

Pasta con hamburguesas 52

vermut

Linguine con gambas y vieiras 86

vieiras

Linguine con gambas y vieiras 86

Sopa de vieiras con pasta 92

Vino

Linguine con almejas en salsa de tomate 74

Pasta con pollo a la crema 64

Penne con calamares y tomate 78

Salsa arrabiata 118

Salsa de marisco 122

Salsa de tomates secos 114

Salsa de vino blanco 124

Salsa de vino tinto 112

Sopa de vieiras con pasta 92

yogur

Pasta con harissa y albóndigas de pavo 56

Ziti con rúcula 24